FINANCIAL STATISTICS AND ANALYSIS

金融统计与分析

中国人民银行调查统计司　编

中国金融出版社

责任编辑：任　娟
责任校对：张志文
责任印制：程　颖

图书在版编目(CIP)数据

金融统计与分析（Jinrong Tongji yu Fenxi）（2015.07）/ 中国人民银行调查统计司编. —北京：中国金融出版社，2015.7

　　ISBN 978-7-5049-7993-3

　　Ⅰ．①金… Ⅱ．①中… Ⅲ．①金融—统计分析—研究报告—中国—2015

Ⅳ．①F832

　　中国版本图书馆CIP数据核字（2015）第141179号

出版
发行　　中国金融出版社

社址　　北京市丰台区益泽路2号
市场开发部　　（010）63266347，63805472，63439533（传真）
网 上 书 店　　http://www.chinafph.com
　　　　　　　　（010）63286832，63365686（传真）
读者服务部　　（010）66070833，62568380
邮编　　100071
经销　　新华书店
印刷　　北京市松源印刷有限公司
装订　　平阳装订厂
尺寸　　185毫米×260毫米
印张　　8.5
字数　　156千
版次　　2015年7月第1版
印次　　2015年7月第1次印刷
定价　　30.00元
ISBN 978-7-5049-7993-3/F.7553
如出现印装错误本社负责调换　　联系电话(010)63263947

目录

FINANCIAL STATISTICS AND ANALYSIS

CONTENTS

扩大有效投资的建议

中国人民银行调查统计司经济分析处

2014年以来，我国固定资产投资增速明显下降。当前经济增长持续放缓，稳增长压力加大，要积极扩大有效投资，促进经济平稳运行。

一、扩大有效投资的潜在方向

（一）基础设施投资有潜力

我国一贯重视基础设施投资，特别是2008年国家出台了4万亿元投资计划，我国基础设施建设水平有了很大提高。根据学者的研究，参考国际经验，虽然我国基础设施资本存量总额处于较高水平，但人均存量依然较低，远远低于OECD国家。在人均基础设施存量依然很低的同时，部分基础设施出现了"战略性超前"或"阶段性过剩"的情况，比较典型的是与出口相关的港口和高速公路领域。总的来说，与发达国家相比，我国的基础设施投资仍然存在很大潜力，但需要准确选择加大基础设施投资的区域和方向。

分区域来看，中部六省、环渤海以及东部、西部地区的资本存量存在较大差异。东部地区由于经济增长较快，发展较早，基础设施建设已经达到较高水平。西部地区的基础设施建设在国家推动下快速发展，但经济基础薄弱，基础设施利用率不高。因此，未来应首先在中部地区加大基建投资支出，其次是环渤海地区。

从投资方向上看，以下几个方面仍有较大投资空间：一是铁路。我国的铁路供给相对短缺，2014年铁路营运里程达到11.2万公里，其中高速铁路1.6万公里；铁路网密度达到116公里/万平方公里，约为美国的一半，尤其是城际铁路、市域铁路还比较欠缺。二是加强城市基础建设。虽然我国城镇化发展很快，城镇面貌日新月异，但基础设施总量不足、标准不高，近年来常见的城市内涝就是典型的表现，城市基础设施难以满足城市运行的功能需要。加强城市基础设施建设主要包括城市交通、城市管网、垃圾处理几个方面：要继续推进市政道路建设，加快发展公共交通，努力减少交通拥堵；要加强城市管网建设，理清水、电、气、通信等各类管网，加强排水和防涝防洪；要推动污水处理和垃圾处理设施的建设，增强处理能力，提高处理水平。此外，为了满足市民的文化休闲需求，还要加强城市的绿化建设及公共文化、体育设施的建设。三是农村基础设施缺口很大。要加快农村饮水安全建设，解决农村人口饮用水安全问题。继续实施农村电网升级改造工程，提高农村供电能力和可靠性。继续完善农村公路网，加强农村邮政设施和宽带网络建设。推进农村垃圾、污水处理和土壤环境整治，加快农村河道、水环境整治。四是要满足人口进一步集聚引致的能源、资源、供应链配置与建设需求。我国人口和资源分布很不平衡，城镇化推动人口进一步集聚，随之而来的问题就是要解决资源与人口不匹配的空间调度问题，如南水北调工程、天然气管网和特高压输电线建设，都有很大投资空间。

（二）高新技术制造业投资存在增长空间

我国制造业产能过剩问题严重，钢铁、煤炭、平板玻璃、水泥、电解铝等行业都处于去产能过程中，抑制了制造业的投资，但制造业的投资仍存在增长空间。我们调研发现，拥有核心技术优势的企业在市场上表现良好，销售和利润增长较快，投资意愿较强。总体来说，企业扩张产能的投资计划较少，但技术改造、提高环保标准、使用机器替代人工等方面的投资仍在持续。

数据也显示，高新技术制造业投资增长较快。2014年高新技术制造业增加值比上年增长12.3%，比全部规模以上工业增加值增速高4.0个百分点。其中尤为突出的是，新能源产业快速增长，核电同比增长36.1%，并网风电同比增长25.6%，并网太阳能发电同比增长67%。新兴产业固定资产投资增长较快：废弃资源综合利用业同比增长24.9%，金属制品业同比增长21.4%，通用设备制造业同比增长16.4%，铁路、船舶、航空航天和其他运输设备制造业同比增长16.1%，非金属矿物制品业同比增长15.6%，医药制造业同比增长15.1%，均高于制造业13.5%的固定资产投资增速。

与世界先进水平相比，我国制造业仍然"大而不强"，在自主创新能力、资源利用效率、信息化程度、质量效益等方面差距明显，转型升级和跨越发展的任务紧迫而艰巨。要优化我国经济结构，促进先进制造业发展，必须加大高新技术投资。一是要推进企业技术改造。引导企业采用先进适用技术，进行高质量的投资，优化产品结构，促进钢铁、石化、工程机械、轻工、纺织等产业向价值链高端发展。二是要推动高新技术产业发展，扩大高新技术制造业投资。国务院印发的《中国制造2025》划定的新一代信息技术产业、高档数控机床和机器人、航空航天装备、海洋工程装备及高技术船舶、先进轨道交通装备、节能与新能源汽车、电力装备、农机装备、新材料、生物医药及高性能医疗器械等十大重点领域，都蕴含着巨大的投资空间。

（三）服务业投资空间大

我国服务业发展处于较低水平。根据世界银行2010年数据，在人均GDP低于中国的59个样本国家和人均GDP高于中国的70个样本国家中，第三产业占GDP比重分别平均为50.36%和65.72%，均高于中国同期的43.2%。2014年，我国第三产业占GDP的比重达到48.2%，仍有很大增长空间。从历史发展看，中国服务业在国民经济中的比重在各收入水平国家中最低，除了与中下收入国家差距有所缩小外，与世界平均水平及其他收入水平国家都维持着较大差距。

近年来，我国服务业发展很快。2013年，第三产业增加值增长8.3%，增速首次超过第二产业，比第二产业高0.5个百分点。2014年，我国第三产业增加值增长8.1%，比第二产业高0.8个百分点。服务业的快速增长也带动了服务业投资，2014年第三产业固定资产投资增长16.8%，高于总体投资增速1.1个百分点，其中信息传输、软件和信息技术服务业，租赁和商业服务业，科学研究和技术服务业固定资产投资增速都超过30%，卫生和社会工作、批发和零售业、教育以及水利、环境和公共设施管理业固定资产投资增速分别达到27.6%、25.7%、24.0%和23.6%。

未来中国服务业仍普遍存在较大的投资空间。一是生产性服务业需要加快发展。我国制造业高速发展，但制造业低端产能过剩，创新能力不足，大力发展生产性服务业以帮助制造业企业提高创新能力和产品附加值是我国产业优化升级的必由之路。生产性服务业包括制造业服务中的研发设计、物流配送、产品营销、电子商务、金融服务、战略咨询等专业化生产服务和中介服务，内涵丰富，潜力巨大。二是消费性服务业需求快速增长。根据发达国家的经验，随着工业化的推进，社会产品不断丰富，人们在基本需求得到满足之后，服务性需求将会快速增长，从而推动消费性服务的快速增长。随着我国居民收入水平的逐步提高，消费需求也将呈现多层次、多样化的趋势，消费性服务业面临爆发性增长的需求，旅游、娱乐、体育、家政服务、法律服务、电子商务等领域都有大量投资空间，其中特别值得强调的是医疗服务业的空间巨大。随着我国经济发展水平提高和人口老龄化、人民群众对医疗服务业的需求大幅增长，要建立包括中高端医疗服务、个人护理等多层次的医疗体系满足这种需求，这意味着巨大的投资机会。

（四）发展现代农业需要投资

在我国经济快速增长的同时，我国农业生产的效率还比较低，但农产品的需求大大提高，未来将会持续提高。在城镇化和工业化带动下，农村人口向城市转移，从农产品的生产者转变为纯消费者。同时，随着国民收入提高和消费结构升级，人们对肉、禽、水产品类消费逐步增加，同时更加注重食品安全、口感等质量要求。此外，随着工业化不断推进，低碳经济发展迫切性提高，能源稀缺性促使各国加大粮食转化能源的投入，工业用粮需求增加。为了解决供需矛盾，促进我国农业现代化与工业化、城镇化的同步推进和协调发展，必须大力发展现代农业，加大农业投资。具体包括：一是加大农田水利等农业基础设施投资，加强对已有设施的维护，大力开展小型农田水利建设，增加农田有效灌溉面积。二是支持农用工业发展，推动农用工业扩大投资，提高大型农机具和农药、化肥、农膜等农资生产水平，促进农业机械的研发推广。三是加快农业机械化，全面落实农机具购置补贴各项管理制度和规定，促进农机具的更新换代。四是推进农业产业化经营。引导龙头企业采取兼并、重组、参股、收购等方式组建大型企业集团，提升产品研发、精深加工技术水平和装备能力。

（五）民生类投资存在缺口

随着我国经济的发展和国民收入的提高，人民生活水平也有很大提高，但与人民生活密切相关的民生类投资仍存在缺口，仍有较大的提升空间。一是棚户区改造仍要继续。2015年6月17日，国务院常务会议提出了棚户区改造的"三年行动计划"，计划在3年内改造包括城市危房、城中村在内的各类棚户区1800万套，农村危房1060万户，并同步规划和建设公共交通、水气热、通讯等配套设施。棚户区改造工程的实施，能有效拉动投资增长，同时促进社会公平。二是教育基础设施很不均衡。一方面，中西部地区农村的学校校舍、教学设备等投资还很缺乏。另一方面，学前教育是教育体系中的薄弱环节，城市入公办园难、入普惠性民办园难、就近入园难、流动人口子女入园难的问题仍比较突出，中西部农村地区，特别是集中连片特困地区、少数民族地区、留守儿童集中地区和人口分散地区入园率整体偏低。三是养老服务设施存在较大缺口。这种缺口是全国性的普遍问题，在总量不足的同时结构上也不均衡，城乡之间差别巨大。在城市里表现为养老机构床位不足，供需矛盾突出，有些养老机构设施简陋、功能单一。而在农村甚至基本没有养老机构。这些领域都需要政府加大投入，同时通过政策引导民间资本扩大投资。

二、扩大有效投资的相关机制建设

（一）放开市场准入，破除政策束缚

扩大有效投资不仅需要政府引导，更重要的是要激发民间资本的投资积极性。放开一些领域严格的市场准入限制，能有效提高民间资本的积极性，扩大民间资本的投资范围，引导民间资本加大投资。2014年11月16日国务院印发的《关于创新重点领域投融资机制鼓励社会投资的指导意见》中，已经明确了针对公共服务、资源环境、生态建设、基础设施等经济社会发展的薄弱环节，进一步放开市场准入的政策导向，涉及农田水利、市政建设、铁路公路、电力电网、教育医疗等多个领域，但相关政策措施的细则还未明确，制度障碍还未完全消除。以医疗行业为例，2010年以

来，国务院先后印发实施了一系列鼓励社会办医发展的文件，但目前民间资本投资医疗行业仍面临发展空间小、准入门槛高等现实困难。2015年6月11日国务院办公厅又印发了《关于促进社会办医加快发展的若干政策措施》，进一步破除体制机制障碍和政策束缚。只有针对各个具体投资领域制定具体、细化的政策措施，从放宽准入、拓宽融资渠道、优化发展环境等多个方面提出具有可操作性的政策措施，并保障政策措施的切实落实，才能让民间资本消除后顾之忧，提高投资积极性。

（二）完善PPP机制

自2014年9月全国实行预算改革起，地方政府的举债途径就被严格限制为两种：一是发行政府债券，二是进行政府和社会资本合作（PPP）融资。由于政府债务受到严格限制，因此政府要直接推动投资尤其是基础设施投资主要依靠PPP融资。财政部和国家发改委加快推进PPP模式，积极引入社会资本参与存量及增量项目的改造和运营，但从实际运行情况看，由于缺乏统一的PPP推进中心、操作制度不完善、成功经验有限、项目收益率不高等原因，多数省份PPP进展缓慢，签约率不高。目前PPP项目多以公用事业领域为主，资金规模大，建设周期长，参与企业多以央企和大型国企为主，社会资本资金规模小，融资能力有限，总体参与度不高。

要想充分调动社会资本的积极性，发挥PPP模式对投资的促进作用，必须消除PPP融资的制度障碍。一是要制定

专门的PPP法律法规。目前我国对于PPP尚未出台专门的法律，已出台的相关法规层次不高，且法规分散、职能重叠、交叉适用现象明显。PPP项目推广涉及诸多领域，包括项目设计、招标、建造、运行、监督，SPV公司的性质及其融资相关的规定等都需以法律法规形式予以确定。二是要明确管理部门的分工，建立统一标准。财政部和国家发展改革委均出台了PPP指导意见，尽管两个部门对PPP的指导方针大致相同，但在项目运作方式、实施机构、采购依据、采购方式、储备方式等具体细节方面差异不小。要协调不同管理部门，形成统一的指导意见，避免由于制度不明朗造成PPP实施障碍。三是在PPP模式中，引入除了公共部门和社会资本以外的第三方对整个PPP过程和资金使用情况进行监督，确保招投标过程公正、资金运作规范透明。

（三）积极支持技术创新

大力支持企业的技术创新，一方面能促进创新型企业的快速发展，使其有能力扩大投资；另一方面也能优化投资结构，促进经济转型。积极支持企业的技术创新，需要从财政税收、融资条件、市场环境等多方面着手。一是要加大财政资金的支持力度。各级财政要根据企业创新需要，统筹安排各类支持企业创新的资金，包括对小微企业的支持和对大中型企业的支持。中央财政要加大对创新专项基金的投入，也要鼓励有条件的地方政府设立创新基金，扶持企业的技术创新。二是要完善税收优惠措

施。落实研发费用扣除、固定资产加速折旧等税收优惠政策，并按照税制改革方向和要求，进一步统筹研究对技术创新和高新技术投资行为的税收支持政策。三是要加强对技术创新的融资支持。鼓励银行针对创新型企业提供更专业的服务，在机构设置、机制建设和产品设计上进行创新，加大银行业对科技创新的支持力度。四是要为创新创造良好的环境。建立创新政策集中发布平台，增强信息透明度；促进科研机构与企业的合作，开放专利信息资源，推动科研成果向市场转化。

（四）发展多种融资形式，努力降低融资成本

要扩大有效投资，除了政策直接支持投资行为之外，也要为企业投资创造良好的金融环境，提供融资便利，降低融资成本。一是要完善商业银行考核评价指标体系，引导商业银行纠正单纯追逐利润、攀比扩大资产规模的经营理念，合理设定利润等目标，督促商业银行取消不合理收费项目，减轻企业负担。二是要大力发展直接融资，逐步降低间接融资比重。直接融资有助于满足市场主体多元化的金融需求，拓展企业融资渠道，降低融资成本。要大力发展债券市场，提高债券市场的流动性，促进债券发行、交易以及市场价格的形成，为企业融资提供更多的便利。要实现各类融资渠道规范化发展，理顺监管体制，加强法律制度建设，营造公平竞争的市场环境。要降低融资门槛，破解中小企业融资难题，大力发展多层次资本市场，继续降低中小企业直接融资的门槛，完善市场基础设施建设以及放宽市场准入、大力发展中小金融机构等。

（五）防范地方政府债务风险

扩大投资尤其是加大基础设施投资需要政府主导，但同时需要注意防范地方政府债务的风险。前期地方政府债务已经经历了较快的增长，目前我国正在对地方政府债务进行存量置换工作，目的是化解地方债务，缓解地方政府支出压力。未来我们也不能因为稳增长的需要就一味快速上投资项目，而是要综合考虑政府的财政能力、配套融资能力、项目盈利能力，防止当前的投资项目变成日后的呆坏账，加大金融风险。

具体要采取以下措施：一是建立科学的项目决策机制。投资项目立项之前必须经过充分的论证，要有第三方提供的可行性分析报告，准确衡量项目的成本和收入。二是完善投资预算的约束机制。项目的投资额和投资期限要有明确的预算和计划，并通过考核制度，确保预算的执行。三是建立投资决策的责任制度。投资决策的基本原则是"谁投资，谁负责"。如果出现投资决策的重大失误，造成的损失巨大，相关决策者要承担应有的责任。

居民物价满意指数持续回升
——2015年第二季度全国城镇储户问卷调查综述

中国人民银行调查统计司景气调查处

2015年5月下旬，中国人民银行在全国50个大、中、小城市进行了2015年第二季度城镇储户问卷调查，回收有效问卷20000份。在被调查者中，家庭月收入处于2000~10000元的中等收入人群占比最高，为62.4%，处于10000元以上的中高收入人群占30.7%，处于2000元以下的低收入人群占6.9%。

调查显示：居民当期物价满意指数持续回升，下季度物价上涨预期有所提高，但仍为近六年来同期最低水平；居民当期就业感受指数环比有所下滑，未来就业预期持续收缩，未来就业预期指数为2009年有该项调查数据以来的同期最低水平；居民当期收入感受指数环比明显下降，未来收入信心略显不足，未来收入信心指数为1999年有该项调查数据以来的同期最低水平；居民投资意愿较上季度显著提高，其中股票投资意愿大幅提升，实业投资和房地产投资意愿持续下滑；居民当期房价感受指数趋

稳，下季度房价预期指数止跌回升。2015年计划购买住房的居民占比有所提高，但仍有超七成居民表示"不购买住房"或"继续观望"。在房市新政和降息政策背景下，仅7%的居民选择"加紧购房"。

一、居民当期物价满意指数持续回升，下季度物价上涨预期有所提高，但仍为近六年来同期最低水平

（一）居民当期物价满意指数连续四个季度回升，再创近六年来同期新高

第二季度，居民当期物价满意指数为28.4%，较上季度提高0.7个百分点，已连续回升四个季度，达到近六年来的同期最高水平。其中，47.4%的居民认为物价"高，难以接受"（较上季度下降1.4个百分点[1]）；52.6%的居民认为物价"可

---

[1] "下降1.4个百分点"，意为比上季度下降1.4个百分点；文中未明确比较期的皆为"比上季度"，下文同。

图1 居民物价指数

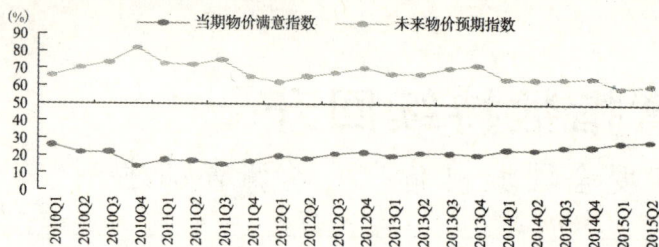

数据来源：中国人民银行调查统计司。

以接受"或"令人满意"（上升1.4个百分点①）。城镇居民对物价的满意度有所上升，是因为近三个月来CPI月度同比增速均低于上年同期水平。

（二）对下季度的物价上涨预期有所提升，但仍为近六年来同期最低水平

对下季度，居民未来物价预期指数为60.4%（见图1），较上季度提高1.4个百分点，仍为近六年来的同期最低水平。其中，26.4%的居民预期下季度物价将"上升"（上升0.1个百分点），54.1%的居民预期"基本不变"（上升1.5个百分点），8%的居民预期将"下降"（下降2.2个百分点），11.6%的居民"看不准"（上升0.7个百分点）。

二、居民当期就业感受指数环比有所下滑，未来就业预期持续收缩

（一）居民当期就业感受指数较上季度有所下降，未来就业预期指数降至历史同期最低

居民当期就业感受指数为40.1%，较上季度下降0.5个百分点，较上年同期

提高1.5个百分点。其中，12.8%的居民认为"形势较好，就业容易"（上升0.4个百分点），46.5%的居民认为"一般"（下降1.1个百分点），40.7%的居民认为"形势严峻，就业难"或"看不准"（上升0.7个百分点）。

对下季度，居民未来就业预期指数为47.8%，与上季度和上年同期基本持平，已连续九个季度处于50%以下的收缩区间，是2009年第一季度有该项调查数据以来的同期次低水平②。

（二）西部地区居民就业预期较上季度和上年同期均有下滑

分地区看，东部地区居民的就业预期指数为47.7%，较上季度提高0.4个百分点，与上年同期持平；中部地区为48.9%，较上季度和上年同期均提高0.3个百分点；西部地区为46.7%，较上季度和上年同期分别下降1个和0.4个百分点。

---

① 上升1.4个百分点，意为"比上季度上升1.4个百分点"，下文同。

② 最低值为42.2%，出现在2009年第一季度。

三、居民当期收入感受指数环比明显下降，未来收入信心指数降至历史同期最低

（一）居民当期收入感受指数较上季度明显下降，未来收入信心降至历史同期最低

居民当期收入感受指数为48.5%，较上季度下降2.3个百分点，较上年同期略升0.2个百分点，继续处于1999年第四季度有调查数据以来的同期较低水平[①]。其中，14.6%的居民收入较上季度"增加"（下降2.5个百分点），67.9%的居民收入"基本不变"（上升0.5个百分点），17.5%的居民收入"减少"（上升2个百分点）。

对下季度，居民未来收入信心指数为51.5%，与上季度和上年同期基本持平，是1999年第四季度有该项调查数据以来的同期最低水平。

（二）较低收入[②]居民、企业员工和外来务工人员的未来收入信心指数处于收缩区间

分收入看，较低收入居民的未来收入信心指数处于50%以下的收缩区间。其中，家庭月收入1000元以下、1000~2000元、2000~5000元居民的未来收入信心指数分别为47.3%、49.5%和49.6%。较高收入居民的未来收入信心指数同比降幅较大，其中家庭月收入为1万~2万元、2万~5万元、5万元以上居民的收入信心指数较上年同期分别下降0.4个、2.6个和4.1个百分点。

分职业看，企业员工和外来务工人员未来收入信心指数低于50%，分别为49.5%和48.8%。未来收入信心指数同比降幅较大的主要是文教卫生科研人员、企业高级管理人员和外来务工人员，这三类居民的未来收入信心指数较上年同期分别回落2.2个、2个和1.6个百分点。

四、居民投资意愿显著提高，其中股票投资意愿大幅回升，实业投资和房地产投资意愿持续下滑

（一）投资意愿显著提高，储蓄意愿和消费意愿均有所回落

二季度，倾向于"更多投资"的居民占43.2%，较上季度大幅提高7.3个百分点，升至2011年二季度以来的历史最高水平；倾向于"更多储蓄"的居民占39.9%，较上季度下降5.7个百分点；倾向于"更多消费"的居民占16.9%，较上季度下降1.6个百分点。

（二）股票投资意愿大幅提升，实业投资意愿总体下降，房地产投资意愿持续下滑

在居民各主要投资方式中，排在前三位的分别是"基金、理财产品"、"股票"和"债券"。其中，选择投资"基金、理财产品"的居民占32%（下降1.8个百分点）；选择"股票"的居民占23.6%（上升9.8个百分点），该占比已连续四个季度走高，本季度升至2009年二

---

① 最低值为45.9%，出现在2009年第二季度；次低值为48.3%，出现在2014年第二季度。

② 家庭月收入在5000元以下。

季度有该项调查数据以来的历史最高水平，在居民主要投资方式中的占比由上季度的第三位升至第二位；选择"债券"的居民占 12.3%（下降 2.7 个百分点），由上季度的第二位降至第三位。

本季度选择"实业投资"的居民占比为 10%，较上季度下降 2.4 个百分点，该占比自 2012 年一季度以来总体下滑，本季度创环比最大降幅。选择"房地产"投资的居民占比为 8.2%，较上季度下降 0.9 个百分点，已连续下滑七个季度。

（三）居民当期家庭月消费增长趋于放缓，未来三个月的旅游意愿季节性回升

居民当期家庭月消费指数为 60.6%，较上季度和上年同期分别下降 4.6 个和 2 个百分点，表明居民家庭月消费增长趋于放缓。对未来三个月，26.9% 的居民预计家庭月消费将"增加"（上升 0.1 个百分点），59.5% 的居民预计"基本不变"（上升 3.2 个百分点），7.3% 的居民预计"减少"（下降 3.4 个百分点），6.2% 的居民"难以预计"（上升 0.1 个百分点）。

一是居民购车意愿小幅下降。居民未来三个月的购车意愿为 15.9%，较上季度下降 0.2 个百分点，与上年同期基本持平，为 1999 年四季度有该项调查数据以来的同期最高水平。

二是旅游意愿季节性回升。居民未来三个月的旅游意愿为 31.6%，较上季度和上年同期分别提高 2.6 个和 1.3 个百分点，为 2009 年第二季度有该项调查数据以来的同期最高水平。

三是购买大件商品需求有所回升。居民未来三个月购买大件商品（电器、家具及高档商品等）的消费意愿为 25%，较上季度和上年同期分别提高 0.1 个和 0.2 个百分点，为 1999 年第四季度有该项调查数据以来的同期次低水平[①]。

五、居民下季度房价预期指数止跌回升，计划 2015 年购买住房的居民占比有所回升，但仍有超七成居民表示不购买或继续观望

（一）居民当期房价感受指数[②]趋稳，下季度房价预期指数止跌回升

居民当期房价感受指数为 26.1%，与上季度持平，该指数在持续上扬六个季度后趋于平缓。其中，51.5% 的居民认为当前房价"高，难以接受"，这一比例较上季度下降 0.4 个百分点，已连续回落七个季度；44.9% 的居民认为"可以接受"，较上季度提高 0.9 个百分点；3.6% 的居民认为"令人满意"，较上季度下降 0.5 个百分点。

对下季度，居民房价预期指数为 52.1%，较上季度提高 3.4 个百分点，结束前六个季度持续回落的态势，在上季度短暂地跌落至 50% 以下的收缩区间后，本季度重回 50% 以上的扩张区间，但仍低于上年同期 1.4 个百分点。

---

① 最低值为 24.8%，分别出现在 2013 年第二季度和 2014 年第二季度。

② 房价感受指数的计算方法是，在全部接受调查的储户中，先分别计算认为本季度房价"令人满意"与"可以接受"的居民占比，再分别赋予权重 1 和 0.5 后求和得出。

图2 2015年居民购房决策

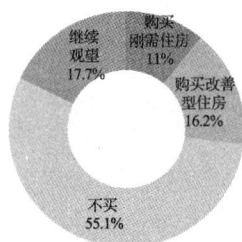

数据来源：中国人民银行调查统计司。

（二）仅7%的居民在房市新政和降息政策下选择"加紧购房"

2015年以来，国家先后出台一系列房市新政和降息政策。关于这些政策对居民购房计划有无影响，相关调查结果显示，62.6%的居民表示"仍无购房计划"，9.4%的居民表示将会"推迟购房"，21.1%的居民"按原计划购房"，仅7%的居民选择"加紧购房"。

（三）居民预期2015年房价总体稳中有升，选择购买住房的居民占比有所回升，但仍有超七成居民表示不购买住房或继续观望

关于2015年总体房价走势，19.6%的居民认为将"上升"（上升3.8个百分点），45.8%的居民认为"基本稳定"（上升0.7个百分点），15.5%的居民认为将"下降"（下降4.6个百分点），19%的居民"看不准"（上升0.2个百分点）。关于2015年购房决策，55.1%的居民表示"不买"住房（上升1个百分点）；17.7%的居民选择"继续观望"（下降4.6个百分点）；27.2%的居民表示将会"购买"住房（上升3.6个百分点），其中11%的居民购买刚需住房，16.2%的居民购买改善型住房（见图2）。

执笔：计 茜

企业生产经营下滑态势有所缓解

——2015年第二季度企业家问卷调查综述

中国人民银行调查统计司景气调查处

2015年6月上旬，调统司在全国范围内（西藏除外）对6016户工业企业进行了2015年第二季度企业家问卷调查。结果显示：企业家对经济增长的信心企稳，企业生产状况下行速度趋缓；市场竞争及需求不足仍是企业面临的最主要问题，产品市场供大于求格局无改善；企业融资成本趋降，税费负担趋重；企业融资难、融资贵状况有所缓解，但资金周转状况无改善；企业原材料购进价格感受指数和产品销售价格感受指数双回升，预计三季度工业生产者购进价格将继续同比下降，降幅收窄；企业盈利水平略有提高，固定资产投资依然谨慎。

一、企业家对经济增长的信心企稳，企业生产状况下行速度趋缓

（一）企业家宏观经济热度指数趋稳，信心指数连续五个季度回落，但降幅有所收窄

第二季度，企业家宏观经济热度指数为29.3%，与上季度基本持平，较上年同期下降3.6个百分点（见图1）。其中，43.5%的企业家认为当前宏观经济"偏冷"，较上季度上升0.2个百分点，54.6%

图1 企业家宏观经济热度指数和企业家信心指数走势

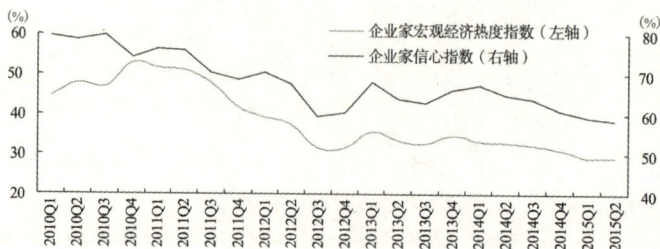

企业家宏观经济热度指数（左轴）
企业家信心指数（右轴）

数据来源：中国人民银行调查统计司。

认为"正常"，2.0%认为"偏热"。对下季度，企业家宏观经济热度预期指数为33.8%，高于本季度判断4.6个百分点。综合企业家对本季度和下季度的判断，企业家信心指数为58.3%，较上季度和上年同期分别下降0.9个和6.6个百分点，已连续五个季度回落，但降幅较上季度和上年同期分别收窄0.9个和1.2个百分点。

（二）企业经营状况下滑趋缓

企业经营景气指数为51.8%，较上季度下降1.0个百分点，虽已连续下降四个季度，但本季度下降幅度较上季度缩小0.7个百分点。分上下游看，上游行业企业经营景气指数为45.7%，较上季度和上年同期分别下降1.0个和4.9个百分点；下游企业为54.4%，较上季度和上年同期分别下降1.0个和3.2个百分点。剔除季节性因素和趋势性因素后，企业经营景气指数与工业增加值当季度同比增速同步，两者当前均处于下降周期，相关系数为82.8%。二季度工业增加值同比增速继续回落的可能性较大。

分行业看，在接受调查的27个行业中，与上年同期相比，有24个行业经营景气指数下降，仅3个行业上升。能源、资源性行业下降尤为明显，如石油和天然气开采业（经营景气指数为44.8%，较上年同期下降28.5个百分点）、金属矿采

图2　5000户企业主要经营指标变化趋势

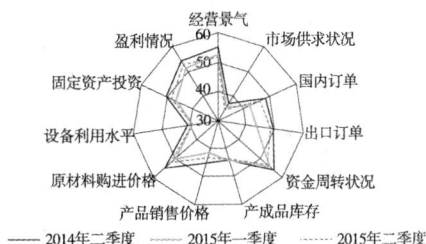

数据来源：中国人民银行调查统计司。

选业（经营景气指数为38.0%，较上年同期下降13.1个百分点）、非金属矿物品业（经营景气指数为44.2%，较上年同期下降9.8个百分点）、非金属矿采选业（经营景气指数为38.8%，较上年同期下降6.5个百分点）。

5000户企业主要经营指标变化趋势图[①]显示，与上季度相比，11个反映企业生产经营状况的主要指数中，有4个略有下降，其余7个指数有所回升。与上年同期相比，11个反映企业生产经营状况的主要指数均出现回落（见图2）。

（三）市场竞争及需求不足仍是企业面临的最主要问题

在企业面临的主要问题中，位居前两位的是"市场竞争加剧"（选择该项的企业比例为71.9%，较上季度上升0.2个百分点）和"市场需求疲软"（47.3%，环比上升1.6个百分点），38.8%的企业认为"劳动力成本高，招工难"位列第

---

① 5000户企业主要经营指标变化趋势图选取了11个最能反映企业生产经营状况的主要指标，列于同一张图中，共分11个极，不同环形线代表不同时期企业生产经营状况。若环形线总体向外扩张，表示企业生产经营总体处于上升状态；若环形线总体向内收缩，表明企业生产经营处于下滑状态。

三，较上季度下降2.4个百分点。

二、内外需下滑态势有所缓解，产品市场供求格局无改善

（一）国内外订单均有所回升

二季度，国内订单指数为46.3%，较上季度和上年同期分别上升3.7个和下降2.3个百分点。其中，24.8%的企业认为国内订单"减少"，较上季度和上年同期分别下降4.1个和上升3.1个百分点。分行业看，在接受调查的27个行业中，仅皮革毛皮羽绒、石油和天然气开采业、煤炭采选业、交通运输设备制造业、食饮烟五个行业的国内订单指数较上季度有所下降，其余22个行业的国内订单指数均较上季度有所回升。出口订单指数为48.7%，较上季度和上年同期分别上升4.5个和下降1.0个百分点。其中，仅17.9%的企业认为出口订单"增加"，较上季度上升4.0个百分点。

（二）供求格局无改观，企业产能利用水平略有回升

二季度，市场供求指数①为34.2%，较上季度和上年同期分别下降1.0个和2.6个百分点。其中，37.5%的企业认为自身产品"供大于求"，仅5.8%认为"供小于求"。

企业设备利用水平指数为39.2%，较上季度和上年同期分别上升0.2个和下降1.4个百分点。企业设备利用率为77.2%，较上季度和上年同期分别下降0.3个和2.3个百分点。

（三）企业原材料存货感受指数②继续走低，产成品存货感受指数③微幅上扬

二季度，企业原材料存货感受指数为50.4%，较上季度下降0.4个百分点，较上年同期上升0.2个百分点。产成品存货感受指数为56.3%，较上季度和上年同期分别上升0.4个和0.2个百分点。

三、企业融资成本趋降，税费负担趋重

（一）企业融资成本趋于下降，贷款利率有所下降

二季度，企业总体融资成本指数为49.5%，较上季度和上年同期分别下降4.7个和9.9个百分点。其中，认为本季度融资成本"上升"的企业比例为14.1%，较上季度下降2.7个百分点；15.1%的企业认为融资成本"下降"，较上季度上升6.6个百分点。对下季度，总体融资成本预期指数为48.4%，低于本季度判断1.1个百分点。

银行贷款利率水平指数为42.6%，较上季度和上年同期分别下降6.1个和14.5个百分点。其中，21.7%的企业表示

---

① 市场供求指数上升，说明企业产品市场需求状况好转；市场供求指数下降，说明企业产品市场需求状况变差。

② 企业原材料存货感受指数上升，说明认为原材料存货水平"偏高"或"适中"的企业比例上升；企业原材料存货感受指数下降，说明认为原材料存货水平"偏高"或"适中"的企业比例下降。

③ 企业产成品存货感受指数上升，说明认为产成品存货水平"偏高"或"适中"的企业比例上升；企业产成品存货感受指数下降，说明认为产成品存货水平"偏高"或"适中"的企业比例下降。

本季度银行贷款利率"下降"，较上季度上升10.5个百分点；71.5%认为"持平"，6.9%认为"上升"。

（二）企业税费负担有所加重

企业税费负担指数为54.8%，较上季度和上年同期分别上升3.1个和下降1.8个百分点。其中，23.8%的企业认为本季度税费"增加"，62.1%认为"持平"，14.1%认为"下降"。

四、企业销货款回笼速度放慢，资金周转压力不减，企业融资难有所缓解

（一）销货款回笼指数和资金周转指数有所下降

二季度，企业销货款回笼指数为57.4%，较上季度和上年同期分别下降1.7个和2.5个百分点，该指数已下降至2011年一季度以来最低值。其中，有30.4%的企业表示销售款回笼"良好"，53.9%的企业表示"一般"，15.7%表示"困难"。企业资金周转指数为53.4%，较上季度和上年同期分别下降0.9个和2.6个百分点，该指数已连续下滑九个季度。

（二）企业融资难有所缓解

二季度，企业融资感受指数[①]为45.7%，较上季度上升0.8个百分点。其中，13.4%的企业认为融资"较容易"，64.5%认为"一般"，22.1%认为"较困难"。分规模看，大中型企业融资难度下降较多。大型企业融资感受指数为48.3%，较上季度上升0.6个百分点；中型企业融资感受指数为45.4%，较上季度上升1.3个百分点；小微企业融资感受指

数与上季度持平。

银行贷款获得感受指数[②]为45.7%，较上季度和上年同期分别上升0.5个和0.5个百分点。其中，22.2%的企业认为获取银行贷款"较困难"，较上季度下降0.3个百分点；64.2%认为"一般"，13.6%认为"较容易"。

五、企业原材料购进价格感受指数和产品销售价格感受指数同步回升，盈利水平略有提高，投资依然谨慎

（一）企业原材料购进价格感受指数由降转升，预计三季度工业生产者购进价格降幅缩小

二季度，企业原材料购进价格感受指数为51.8%，较上季度和上年同期分别上升1.9个和下降2.7个百分点。

其中，16.5%的企业认为本季度原材料购进价格较上季度"上升"，70.6%认为"持平"，12.9%认为"下降"。

时差相关系数分析结果显示，企业原材料购进价格预期指数领先于国家统计局工业生产者购进价格指数（PPIRM）一个季度，时差相关系数为89.3%。回归分析结果显示，企业原材料购进价格预期指数能够显著地解释下一期的物价变动，同时回归系数为正，表明国家统计局工业生产者购进价格指数将随着企业原材料购进价格预期指数同方向变动。二季度，企业原材料购进价格预期指数为

---

① 企业融资感受指数越高，表明企业越容易获得融资。

② 银行贷款获得感受指数越高，表明企业越容易获得银行贷款。

53.6%，较上季度上升0.6个百分点。预计2015年三季度国家统计局工业生产者购进价格下降幅度可能有所缩小。

（二）产品销售价格感受指数有所提高，上游行业尤为明显

二季度，产品销售价格感受指数为43.3%，较上季度和上年同期分别上升1.8个和下降1.2个百分点。其中，22.4%的企业认为本季度产品销售价格比上季度"下降"，68.6%认为"持平"，9.0%认为"上升"。分上下游看，上游行业产品销售价格感受指数为38.1%，较上季度和上年同期分别上升2.8个和下降2.4个百分点；下游行业为45.6%，较上季度和上年同期分别上升1.4个和下降0.8个百分点。

（三）企业盈利指数小幅回升

二季度，企业盈利指数为52.8%，较上季度上升1.8个百分点，较上年同期下降1.3个百分点。其中，33.2%的企业表示本季度"增盈或减亏"，27.7%表示"增亏或减盈"，39.1%表示"盈亏不变"。盈利状况较上季度上升幅度较大的行业有石油加工炼焦业（上升15.9个百

分点）、金属制品业（上升9.8个百分点）、有色金属冶炼及压延加工业（上升6.5个百分点）、化学纤维制品业（上升5.8个百分点）。

对下季度，盈利预期指数为56.3%，略高于本季度。

（四）企业固定资产投资依然谨慎

二季度，企业固定资产投资指数为48.0%，较上季度和上年同期分别上升1.7个和下降2.0个百分点。虽然该指数较上季度有微幅提升，但认为固定资产投资较上季度"增加"的企业占比仍然较低，仅为15.9%，企业对于增加投资的态度较为谨慎。

分规模看，大型企业固定资产投资意愿最低。大型企业固定资产投资指数为47.0%，分别较中型企业和小微企业低1.1个和1.9个百分点。

对下季度，固定资产投资预期指数为48.9%，与本季度基本持平。

执笔：马煜皓

银行家通胀预期回升，对客户贷款执行利率下降

——2015年第二季度银行家问卷调查综述

中国人民银行调查统计司景气分析处

2015年5月中旬，人民银行调查统计司在全国范围对3174家银行机构的行长（副行长）进行了2015年第二季度问卷调查，结果表明：宏观经济下行的趋势有所减缓，通胀预期回升；贷款需求整体不旺，企业投资意愿不强、销售下滑是影响企业贷款的主要因素；市场利率水平下降，银行业对存贷款利率偏高感受回落，负债成本上升的势头开始减弱；受货币政策趋松的影响，银行流动性较为充裕，贷款审批条件有所趋松，银行业经营景气继续下滑。

一、银行家判断经济下行趋势减缓，通胀预期有所回升

（一）宏观经济热度指数降幅继续收窄，东中部地区银行家认为宏观经济下行趋势减缓

2015年第二季度（以下简称二季度），银行家宏观经济热度指数[1]和宏观经济信心指数[2]分别为21.3%和43.4%，较上季度分别下降2.3个和4.1个百分点，降幅分别较上季度收窄0.4个和0.9个百分点，已连续两个季度收窄（见图1）。具体来看，59.5%的银行家认为当前宏观经济"偏冷"，较上季度提高4.9个百分点；38.3%的银行家认为当前宏观经济"正常"，较上季度下降5.3个百分点。

分地区看，东部地区宏观经济热度指数降幅明显收窄。东部、中部、西部地区的银行家宏观经济热度指数分别为20.3%、23.9%和20.5%，较上季度分别回落1.2个、2.4个和3.6个百分点，其中

[1] 除另有标注外，本报告中的指数计算采用扩散指数法，即计算各选项占比，并分别赋予各选项不同的权重（"好/增长"1，"一般/不变"0.5，"差/下降"0），在此基础上求和得出。

[2] 该指数的计算方法是，在全部接受调查的银行家中，先分别计算认为本季度经济"正常"和下季度"正常"的银行家占比，再将两个占比相加后除以2得出。

图1　银行家宏观经济热度指数和宏观经济信心指数

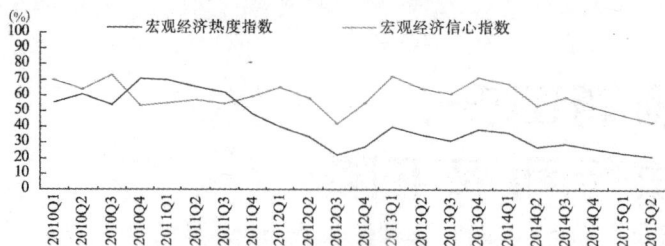

数据来源：中国人民银行调查统计司。

东部和中部地区降幅较上季度分别缩小1.6个和0.5个百分点，西部地区扩大1个百分点。

对下季度，银行家认为宏观经济继续下滑的趋势有所减缓。49%的银行家预期经济"偏冷"，明显低于本季度判断10.5个百分点。

（二）工业品和消费品价格水平预期指数回升，房地产价格水平预期指数大幅提高

银行家工业生产者出厂价格水平预期指数和居民消费价格水平预期指数分别为40.1%和57.3%，较上季度分别上升1.9个和2.7个百分点，较上年同期分别下降6.2个和4.6个百分点。

本季度银行家房地产价格水平预期指数为49.5%，较上季度明显上升15.4个百分点，升幅为2012年四季度以来的最大值，表明近期宏观政策调控的叠加效应在房地产市场的感受明显。分地区看，东部、中部、西部地区银行家房地产价格水平预期指数分别为54%、47.2%和45.6%，较上季度分别提高19个、12.2个和13.1个百分点。

二、贷款需求不旺，企业投资意愿不强、销售下滑是贷款需求下降的主要因素

（一）贷款总体需求指数下降，预期有所好转

本季度贷款总体需求指数为60.4%，较上季度下降8.5个百分点。具体来看，38.6%的银行家认为贷款需求"增长"，较上季度回落9.9个百分点；43.6%的银行家认为贷款需求"基本不变"，较上季度提高2.8个百分点；17.8%的银行家认为贷款需求"下降"，较上季度提高7个

图2　银行贷款总体需求指数

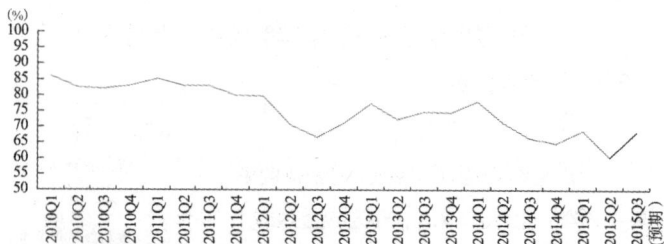

数据来源：中国人民银行调查统计司。

百分点。对下季度，45.1%的银行家预期贷款需求"增加"，贷款总体需求预期指数高于本季度8.1个百分点，为68.5%（见图2）。

（二）除个人购房、政府融资平台贷款需求指数略有上升外，其他各类贷款需求指数均低于上季度

分地区看，东部、中部和西部地区贷款需求指数分别为58.3%、61.9%和61.8%，较上季度分别下降5.7个、11.5个和9.7个百分点。分行业看，制造业和非制造业贷款需求指数分别为53.1%和56.3%，较上季度分别回落6.1个和3.8个百分点。分规模看，大型、中型和小微型企业贷款需求指数分别为53%、55.7%和62.1%，较上季度分别回落3.7个、6.1个和7.5个百分点。分用途看，企业固定资产贷款、经营周转贷款和个人消费贷款需求指数分别为53.1%、61.5%和64.4%，较上季度分别回落3.6个、7.2个和4.6个百分点，其中，个人购房贷款需求指数为60.3%，较上季度提高0.7个百分点，已连续三个季度回升。政府融资平台贷款需求指数为46%，较上季度提高0.2个百分点。

（三）企业投资需求不旺、销售下滑是影响贷款需求增长的主要因素

在影响贷款需求减少的因素中，"企业投资下降"（选择该项的银行家占比为78.2%）和"企业销售减少"（69.2%）排位居前，其他影响因素依次为"企业转向其他渠道融资"（33%）、"企业资金趋松"（13.4%）、其他（12.4%）和"利率水平上升"（3.7%）。

三、金融市场利率水平回落，对客户贷款执行利率明显下降，银行家货币政策趋松预期继续增强

（一）货币市场和中长期利率感受指数下降

受中央银行连续降息、降准政策的影响，金融市场利率感受指数有所下降。二季度，银行间市场利率感受指数和中长期利率感受指数分别为41.9%和43.8%，较上季度分别下降13.6个和8.5个百分点，较上年同期分别下降15.1个和10.4个百分点。其中，认为本季度银行间市场利率和中长期利率水平"偏低"的银行家占比分别为20.6%和17.1%，较上季度分别上升16.6个和11.6个百分点；认为"适度"的占比分别为68%和70.8%，较上季度分别下降7.8个和8个百分点。对下季度，银行间市场利率水平预期指数和中长期利率水平预期指数分别为35.8%和35.6%，均明显低于上季度9.3个百分点，表明银行家认为市场利率水平将继续走低，资金价格将继续回落。

（二）银行存款、贷款利率感受指数下降，对客户贷款执行利率明显回落

二季度，银行存款利率感受指数和贷款利率感受指数分别为52.6%和45.2%，分别低于上季度1.6个和6.1个百分点。以50%均衡线①衡量，存款利率感

① 该指数采用扩散指数法进行计算，50%为平衡线，指数在50%以上，反映该项指标处于向好或扩张状态；低于50%，反映该项指标处于变差或收缩状态；等于50%，表示选择"正向选项"的银行家比重与选择"逆向选择"的比重相同。

受指数已连续六个季度在均衡线以上，贷款利率感受指数自2011年三季度以来首次在50%以下。

具体来看，有43%的银行家对客户贷款利率较上季度有所"下降"，其中对大型、中型、小型、微型企业贷款利率执行"下降"的银行家占比分别为39.2%、37.5%、40.8%和40.1%，分别较上季度提高21个、26.5个、27个和25.7个百分点，升幅均为2012年二季度有该调查数据以来的最高值。

银行息差水平指数为21.6%，较上季度下降11.3个百分点，其中59%的银行家认为息差"下降"，为2012年有该调查数据以来的最高值。

（三）货币政策效果指数缓慢下降，货币政策"趋松"预期明显增强

二季度货币政策效果指数为61.4%，低于上季度0.3个百分点，已连续三个季度小幅回落。本季度银行家认为货币政策"偏松"的比例继续提高，有31%的银行家认为货币政策"偏松"，较上季度和上年同期分别提高16.8个和27.5个百分点；64.2%的银行家认为"适度"，较上季度下降10.6个百分点。对下季度货币政策，45.8%的银行家预期"趋松"，较本季度判断高14.8个百分点。

（四）银行贷款审批收紧的趋势有所减弱

银行贷款审批标准有所放松。本季度银行贷款审批条件指数为47%，较上季度和上年同期分别提高1.3个和3.9个百分点。调查显示，"货币政策趋松"（选择该项的银行家占比为47.9%）是银行审批标准有所放松的首要因素，其后依次为"金融同业竞争加剧"（43.6%）、"信贷规划偏松"（34.6%）、"银行流动性趋松"（32.7%）。

四、银行业景气继续下滑，产品定价能力尚待提高

二季度，银行业景气指数为62.4%，较上季度和上年同期分别下降9.3个和10.7个百分点。其中，31%的银行家认为经营状况"较好"，较上季度下降15.2个百分点；62.9%认为"一般"，较上季度提高11.8个百分点。

（一）企业存款和储蓄意愿有所下降，但银行资金流动性仍较充裕

二季度，银行资金来源指数为57.9%，较上季度和上年同期分别下降7.5个和2.9个百分点。分类看，企业存款指数为51.5%，较上季度和上年同期分别下降6.3个和4.1个百分点；储蓄存款指数为57.5%，较上季度和上年同期分别下降14.1个和5.2个百分点。

银行资金流动性指数为61.3%，较上季度和上年同期分别提高9.6个和10.9个百分点。具体来看，26.7%的银行家反映资金"较充裕"，较上季度提高15.2个百分点；69.3%反映"适度"，较上季度下降11.1个百分点。对下季度，高达96.3%的银行家认为流动性"适度"或"较充裕"。调查显示，银行资金流动性充裕的主要原因是"市场流动性充足"（54%）、"负债来源增加"（50.6%）、政策性因素（48.6%），位列前三。

（二）银行负债成本上升的趋势减缓，"市场利率水平下降"是资金成本有所下降的首要因素

银行获取资金成本持续上升的趋势有所减缓。二季度，银行获取资金成本指数为64.9%，为2013年三季度有该调查数据以来的最低值。其中，认为获取资金成本"上升"的银行家占比为42.3%，较上季度和上年同期分别下降16.2个和19.7个百分点；认为获取资金成本"下降"的银行家占比为12.5%，较上季度和上年同期分别提高了9.8个和10个百分点。92.3%的银行家认为本季度资金成本下降的主要原因是"市场利率水平下降"，其次依次为"市场资金面宽松"（51.1%）和"银行竞争力提高"（10.1%）。

（三）七成多银行家认为本银行产品定价能力一般

随着贷款利率管制的全面放开、存款利率浮动空间的进一步扩大，以及信贷资产证券化、同业存单试点等深化金融改革措施的陆续出台，各银行的产品定价能力面临考验。银行产品定价能力指数有所下滑。二季度，有定价权的总分行级银行产品定价能力指数为45.5%，较上季度和上年同期分别下降2.9个和3.5个百分点。其中，有76.8%的银行家认为本银行产品定价能力"一般"，7.1%认为"偏强"，16.1%认为"偏弱"，认为"偏弱"的占比较上季度和上年同期分别提高4.1个和3.8个百分点。分类型看，产品定价能力指数从高到低的机构依次为：股份制商业银行（48.6%）、城市商业银行（44.8%）、外资银行（44.3%）、国有商业银行（43.5%）、农商行及农村合作金融机构（43.5%）、国家开发银行等政策性银行（41.6%）。

（四）银行盈利指数有所回落

二季度，银行盈利指数为62.7%，较上季度和上年同期分别下降8.6个和14.2个百分点。银行净利息收入指数为61.1%，较上季度和上年同期分别下降5.5个和14.6个百分点。

代表中间业务变化的净手续费收入指数为60.9%，虽较上季度和上年同期分别下降2.9个和10.2个百分点，但仍在50%均衡线以上，表明中间业务收入升势趋缓。

对下季度，银行业景气预期指数为65.2%，高于本季度判断2.8个百分点；盈利预期指数为64.7%，高于本季度判断2个百分点。

执笔：鹿亚新

美国经济前景展望
——美联储主席耶伦在普罗维登斯发表讲话

中国人民银行定西市中心支行调查统计科编译

2015年5月22日，美联储主席珍妮特·耶伦（Janet L.Yellen）在罗得岛州首府普罗维登斯演讲，指出如果美国经济能如预期那样恢复，货币政策可以开始走向正常化，那么，今年某个时候加息是合适的，并鉴于就业市场和通货膨胀还未达到目标水平，在首次加息后，美联储很可能以缓慢的方式逐步收紧货币政策。现将全文编译如下。

一、美国经济衰退的恢复情况

当前，美国经济仍在从自20世纪30年代以来最严重的大衰退中复苏。七年前的经济衰退，导致了住房市场的崩溃以及由此引发的金融危机。美国的失业率创下了10%的新高，就业人数缩减了850多万人，约6%。经济产出跌幅超过4%，成为大萧条以来之最。对此，美联储通过设计旨在压低较长期利率的货币政策来支持经济复苏，稳定金融体系。

由于货币政策方面的帮助，美国经济取得了显著的发展。就业增长步伐逐渐加快，仅2014年就业人数就扩大了300多万人，到2015年4月失业率稳步回落到5.4%。劳动力市场中职位空缺数的显著上升，以及更多的人辞去工作开始寻找新的就业岗位均表明了该市场正在逐步走向强劲。

（一）劳动力市场未完全复苏

耶伦指出，尽管过去几年美国劳动力市场取得了显著进展，但还没有完全达到美联储的目标，只是与目标更接近了。当前，失业率虽然已经回落到正常水平，但这个数据本身并不能说明劳动力市场复苏的程度。根据相关报告，许多人自愿退出劳动力市场，包括退休人员、学生、家庭主妇。但与此同时，一大部分人不找工作则是因为缺乏良好的就业机会。除此之外，还有一些人因为无法找到全职岗位而只能从事兼职工作，这在很大程度上表明了劳动力市场就业不充分。最后，缓慢的工资增长，也表明劳动力市场还没有完全愈合。

（二）通货膨胀率低于目标值

耶伦在讲话中表示，当前通货膨胀率仍然低于美联储设定的2%的目标。低通货膨胀意味着工资和价格将更低，但非常低的通货膨胀率会损害经济的运作。例如，使家庭和企业更难以还清他们的债务。在过去的一年中，汽油、取暖油和其他能源产品的价格下调导致油价大幅下跌，进而使得整体消费物价率一直特别低，接近于零。而在最近，受进口商品价格降低，以及油价下跌的影响，通货膨胀率仍在持续回落。耶伦认为，随着石油价格不再下降，以及未来通货膨胀稳定的公众预期，消费物价率将拉升至2%，但考虑到经济进一步增长和其他临时因素的影响，通货膨胀率则可能有所回落。

（三）经济发展中的"逆风"因素

耶伦指出，一些不利因素减缓了美国经济的复苏，并在一定程度上继续影响着后市。这些不利因素包括：第一，住房市场的崩溃导致许多家庭拥有较少的财富和更高的债务，拖累消费者支出。许多房主失去了家园，更多的人由于他们的抵押贷款超过了住房价值而导致资产贬值。但与此同时，耶伦认为，在某些方面，这种不利因素有所减弱。当前，全国许多地区房屋价格上升明显，减轻了大多数房主的负担。2011年到2014年5月，全国范围内抵押贷款中抵押物的价值升值了一半，信贷可用性抵押贷款也有所改善。

第二个不利因素，即来自政府预算赤字减少、财政政策改变的影响。耶伦指出，在联邦一级，2008—2009年的财政刺激措施支持了经济产出，但刺激政策的效应正在逐渐消退，到2011年，当经济复苏仍然疲弱之时，联邦政府的财政政策成为产出增长的拖累。与此同时，地方政府由于经济衰退和法律要求平衡预算而面临着严重的预算问题，被迫削减支出和提高税收。但耶伦认为，目前无论联邦政府还是地方各级政府，财政政策对经济增长的不利影响都正在消退。

第三个不利因素是全球经济对美国的拖累。耶伦指出，最初欧元区危机是最大的不利因素，但欧元区政府通过实施货币刺激政策，减少财政拖累，机构改革等措施，使欧元区的复苏具备了比较牢固的基础。然而，全球其他地区的经济增长已经放缓，包括中国和其他一些新兴市场经济体。国外经济增长疲软，加上与之配套的汇率政策，削弱了美国出口，并拖累美国经济。耶伦认为，这一不利因素应通过跨国企业的发展、高度宽松的货币政策的支持来规避。

二、影响美国经济发展的因素

耶伦表示，随着影响经济发展的不利因素逐渐消退，美国经济似乎会在今后持续增长。当前，家庭工作状况正在改善，消费者信心已经稳固。同时，油价的下跌也使家庭购买力有相当大的提升。考虑到这些因素的影响，美国的实际可支配收入在过去四个季度上升了近4%，家庭和企业也受益于借贷成本降低、货币政策宽松的良好金融环境。此外，家庭和小型企业的信贷可用性都有所改善。然而，近几个月，美国经济数据有些疲软，家庭支出和商业投资两个指标已经放缓，工业产出也有所下降。

（一）住房市场恢复缓慢

耶伦指出，尽管当前房价和房屋销售量正在增长，但住宅建筑活动仍然相当少。就业市场的多年疲软和缓慢的工资增长使得许多人不得不同宿一室。虽然人口增长创造了对住房的更多需求，持续的工作和工资增长也能够鼓励更多的人拥有新的住房，但是房地产市场的复苏很可能只是逐步的。

（二）企业投资信心不足

耶伦表示，企业投资也只是在适度的复苏过程中。企业似乎并没有足够的信心投入大量的资本来促进复苏。此外，有分析人士认为，公众对经济复苏的强度和有关经济政策的不确定性也可能是影响企业投资的一个显著因素。事实上，许多企业持有大量的现金可能意味着风险厌恶情绪正在发挥作用。

（三）能源领域投资不足

耶伦认为，在能源领域的投资不足也可能持续下去，这反映了油价下跌的不利影响。在过去的几个月里，美国国内新的石油开采业暴跌，石油生产企业活动放缓，包括钢铁和某些类型的机械行业。不过，相较而言，考虑到美国仍然是一个石油净进口国，能源消费从油价下跌中获得的利益肯定大于弊端。

综合考虑，联邦公开市场委员会研究经济预测的多数成员认为，在未来几年中，美国实际国内生产总值每年增长2%~2.5%，比当前的复苏步伐快一点，失业率在2015年底将下降到接近5%。而对于通货膨胀，美国联邦储备委员会预计，随着经济复苏势头进一步强劲以及暂时影响因素的减弱，将会升至2%的目标。

三、货币政策的未来走势

耶伦表示，鉴于当前美国经济前景的不确定性以及货币政策对经济影响的滞后性，美联储将会缓慢地收紧货币政策，直至就业和通货膨胀都达到了目标值，以此防范经济过热的风险。耶伦指出，基于上述原因考虑，如果经济前景继续改善，那么在2014年某些时候首先提高联邦基金利率将是适当的，然后开始实施正常化的货币政策。但是，这一政策的实施需要以劳动力市场状况的持续改善，以及通货膨胀在2014年中期回升至2%为前提。

耶伦认为，开始提高联邦基金利率后，预计货币政策常态化的步伐可能是渐进的，因为制约美国经济发展的各种不利因素可能需要一段时间才能完全消退，而改善的步伐是非常不确定的。耶伦表示，政策的实施取决于经济数据以及经济实际，美联储将会根据经济发展和通货膨胀情况调整货币政策。如果条件的改善比预期更迅速，可能会适当地、更快地提高利率；如果经济发展状况不利，货币政策正常化的速度可能会比较慢。

四、美国经济的长期增长

耶伦指出，在长期的范围内，美联储就业最大化和物价稳定的目标并不能确保经济增长的强劲步伐或生活水平的改善。决定生活水平最重要的因素是生产率的高低，也即工作一个小时可以创造的产出量。耶伦表示，最近的经济数据令人失望。2007年以来，就业部门年均劳动生产率为1%~1.25%，这一数据低于前十年平均每年2%~2.75%的增速。最近几年工资不温不火的增长步伐，可以佐证经济资源的闲置，也反映了相对较慢的产出增长率。

耶伦表示，生产率增长取决于许多因素，包括员工的知识和技能、资金的数量和质量、技术质量，以及工作的基础设施。作为一个国家，美国应该积极实施支持生产力长期增长的政策，例如加强教育、鼓励创业和创新、促进公共和私营资本投资等。耶伦认为，鉴于经济衰退的影响，当前的生产率增长水平是较低的。企业在经济衰退期间削减了资本支出，在恢复过程中增加的投资有限，特别是研究和发展领域的投资一直比较薄弱。此外，缺乏资金可能已经损害了人们开展新业务和实施新的思想和技术的能力。而随着经济的进一步增长，许多不利因素将会逆转，以提高美国的生产率。若如此，美联储促进经济复苏的行动，将不仅有助于使经济恢复至生产潜力，更可能使生产率和生活水平从长远来看得以提高。

编译：许鸣雷　胡凯敏

美国大企业联合会消费者信心指数月报告

中国人民银行调查统计司景气处编译

美国大企业联合会消费者信心指数（The Conference Board Consumer Confidence Index）4月有所下滑，5月有所恢复。以1985为标准（100），大企业联合会消费者信心指数为95.4，略高于4月的94.3。其中，现状指数（Present Situation Index）从4月的105.1上升至108.1，预期指数（Expectations Index）自4月的87.1小幅下降至86.9。

大企业联合会经济指标主管表示，消费者信心在4月大幅度下降后在5月有所回升，得益于劳动力市场的转好，当前指数停止了过去三个月的下滑，在5月有所上升。对于预期指数，由于第二季度的经济形势有待增强，消费者对于未来短期经济形势仍持谨慎态度。

消费者对于当下经济形势的评估有所好转，认为目前所在地区的经济形势较好的占比由25.5%下降为25.2%，认为较差的占比由19.2%下降到17.4%。消费者对于劳动力市场的工作机会也持有不同态度，认为目前所在地区工作机会较多的消费者的占比由19.0%上升至20.7%，认为工作机会较少的消费者的占比由25.9%上升至27.3%。

消费者对于未来短期经济持有的乐观态度在5月有所降温。对于未来6个月所在地区的经济形势，认为会有所增长的消费者占比从15.4%上升至15.6，持有不乐观态度的消费者占比也由9.1%上升至10.8%。认为未来几个月所在地区的劳动力市场有所提升的消费者占比由13.8%上升至14.6%，并不看好劳动力市场的消费者比例由16.4%下降至15.5%。认为未来在收入上会有改善的消费者比例为17.4%，保持不变；认为收入会有所下降的消费者比例由10.8%下降至11.1%。

编译：实习生　沈博芊

欧盟—越南自贸协定对中国制造业的影响与启示

中国人民银行成都分行调查统计处

中国人民银行宜宾市中心支行调查统计科

2015年3月，越南和欧盟就自贸协定（EVFTA）举行了第12轮会谈。与此同时，越南参与美国主导的泛太平洋战略经济伙伴关系协定（TPP）谈判也在推进当中。受此影响，越南对我国低端制造业的冲击正在逐步扩大，应予以关注。

一、EVFTA和TPP谈判的主要内容

（一）欧盟—越南自贸协定的主要内容

EVFTA的主要谈判目标是降低97%的关税细目税率，以鞋类（3.5%~4%）、纺织品（9.6%）为主的越南出口商品及进口欧盟药品（5%~8%）等货物将降至零关税；在海关和贸易便利化方面至少消除2%的非关税壁垒；实现服务自由化程度达到75%。同时，欧盟承诺将帮助越南获得先进的技术及管理水平，并将在服务领域加大对越南的投资。

而此前欧盟与新加坡签订的自贸协定（EUSFTA）表明，欧盟希望最终与东盟成员国达成的目标包括：所有双边进出口货物享受免税待遇；实现欧盟标准在东盟国家落地，消除非关税壁垒；开放人力资源市场、银行和金融服务部门，提升双边直接投资总额等。但从新加坡的经验来看，由于地区差别等原因，东盟国家与欧盟签署自贸协定可能需要7~8年时间。

（二）TPP谈判的主要内容

TPP在经济与贸易方面的主要目标包括鼓励贸易多样化、消除商品和服务贸易壁垒（见表1）、促进公平竞争、增加投资机会、保护知识产权，以及建立贸易争端解决机制，最终实现完全的贸易自由化。

表1 TPP关于商品与服务贸易的主要内容

原则约定	主要内容
贸易便利化	1. 实现无例外品目的缔约国货物贸易零关税。 2. 执行原产地规则、货物运输直送原则，经由第三国运输的货物可按规定执行特惠待遇。 3. 实现通关手续方便化，通关时限最长不超过货物到达的48小时；促进无纸质文件贸易。
消除非关税壁垒	1. 贸易救济措施、世贸组织规定的权利和义务（如反倾销、反补贴、反补助措施等）不受TPP影响。 2. 在非疾病发生区域，相互承认动植物卫生检疫措施。 3. 消除贸易技术性障碍，并执行世贸组织的有关规定。 4. 不得差别对待缔约国居民的商业活动，减少或废除贸易与投资壁垒，禁止反竞争的商业行为。
服务贸易自由化	1. 实现服务越境、服务消费者越境、商业网点和服务提供者越境的自由化。 2. 禁止设定五类市场准入限制：服务提供者数量、服务贸易总额或资产、服务提供者数或服务总产出、服务领域雇用或相关自然人总数、提供服务的法人或合资事业形态。
政府采购的国民待遇	1. 在政府采购中，实现缔约国居民的国民待遇和无差别待遇。 2. 执行政府机构名单制，禁止采取与政府采购相关的抵消措施。

二、越南经济持续受益于EVFTA和TPP谈判

（一）欧盟—越南贸易规模持续扩大

欧盟贸易委员会的数据显示，受EVFTA谈判影响，2009—2013年，越南对欧盟出口年平均增长率大幅上升至28.3%，进口年平均增长率同样高达11.3%（见图）。

截至2013年，欧盟已经是越南第一大出口市场、外资来源地和无偿援助提供者，也是仅次于中国的第二大贸易伙伴。

（二）越南全球贸易额持续上升

越南全球贸易额自2009年起持续攀升，受此影响，越南国内经济也呈现复苏态势。世界银行公布的越南经济形势报告显示，越南经济增长率从2013年的5.4%提升到了2014年的5.6%。

欧盟贸易委员会曾在EVFTA谈判的越南公报中预计，EVFTA还将使越南年出口值额外提高34.86%，国民收入增长76亿欧元，GDP则将增长15.27%，熟练工人实际工资和非熟练工人工资将分别增加12.61%和13.30%。而到2020年，

图 2003—2013年越南对欧盟进出口贸易情况

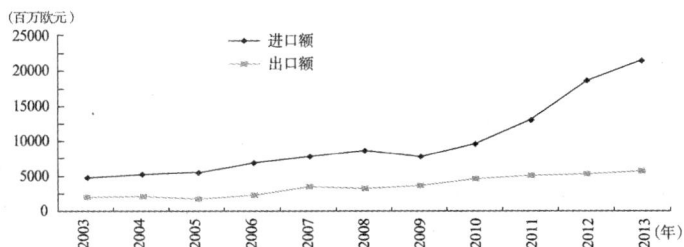

EVFTA将使越南年均获益14亿欧元,为国内生产总值贡献2%~2.5%的增长。

三、EVFTA和TPP谈判对我国制造业的影响

(一)越南与中国低端制造业竞争同质化

欧盟贸易委员会的统计数据显示,越南和中国对欧盟出口排名前十的商品项目中有八项重叠;其中,机械及设备类商品是越南和中国共有的最大出口商品单项,纺织品均位列前三。总体来看,越南对中国制造业的影响主要集中在低端出口产业。

(二)越南低端制造业形成比较优势

EVFTA谈判促使越南的政策开放度不断扩大,营商环境不断改善,而加入TPP谈判更使其在更大范围内享受零关税、消除非关税壁垒等优惠;同时,随着中国劳动力成本的上升,其劳动力成本优势也开始叠加。

因此,越南在机械及设备类商品、鞋类与装饰品、纺织品和零部件制造等商品上,其欧盟市场份额正在持续提升;而中国低端制造业由于产业空心化等问题,导致对欧盟出口在2011年左右出现拐点。

表2 部分企业转移中国产能的时间、目的地、方式和主要原因

企业名称	转移时间	目的地	转移方式	主要原因
耐克	2009年	越南	关闭中国工厂	过度竞争和库存危机
英特尔	2010年	越南	测试加工厂(2014年)	劳动力及组装成本
佳顿	2012年	美国	移回部分生产线	人力成本上升
阿迪达斯	2012年	越南	关闭部分中国工厂	经营环境没有改善
诺基亚	2012年	越南	新建组装厂	劳动力成本上升
星巴克	2013年	美国	关闭中国陶瓷杯工厂	劳动力成本上升
三星	2013年	越南	加大投资,并新建工厂	组装成本上升
佳能	2014年	越南	新建越南工厂(2012年)	组装成本上升
西铁城	2015年	越南	中国工厂整体搬迁	劳动力成本上升

表3　部分对越南投资的中国企业及其时间

企业名称	时间	企业名称	时间	企业名称	时间
TCL	1999年	中兴通讯	2004年	华为	2010年
美的集团	2007年	苏泊尔	2008年	力帆越南	2002年
中国银联	2005年	工商银行	2009年	交通银行	2011年

（三）我国低端制造业逐步向东南亚转移

近年来，越南通过低廉的劳动力及生产成本优势，承接了部分中国制造业的转移。EVFTA谈判启动后，部分服装、食品和零部件制造企业已逐步在越南新设，或将中国境内的制造工厂向越南转移（见表2）。

美国商会和新加坡商会2012年发布的一项调查显示，21%的外资公司计划在未来两年内，将部分投资或业务从中国转向东盟；而跟进调查显示，2014年，越南新增投资总额达202.3亿美元，比2013年计划增长19%，而中国2014年同比增幅不足2%；越南低端加工制造业当年新注册项目达774个，价值144.9亿美元，占2014年注册总额的71.6%；截至2014年，中国在越南投资项目已超过100个，注册资本超过80亿美元（见表3）。

（四）TPP规则迫使越南寻求中国以外的新的原料进口国

商务部数据显示，越南2013年共从中国进口55.6亿美元的纺织服装原料和配件、57亿美元的电话零部件和电子元器件、368亿美元的基础设备和技术。但受原产地规则影响，越南签署TPP后，其纺织品等行业如继续使用非TPP成员国（中国）的原材料，将会蒙受附加关税等收益损失。因此，越南正在寻找可以替代中国的原料和配件来源地，同时越南也有部分观点认为应当实现原料的自给自足并发展配套产业。

美联储在危机后期的货币政策正常化路径

中国人民银行长春中心支行调查统计处

一、美国货币政策正常化继续往前推进

"天下没有不散的筵席"，量化宽松的"盛宴"已经于2014年10月全面结束（见表），但零下限利率政策这个从危机初期持续至今的"自助餐"还在持续供应。关于何时上调联邦基金利率，美联储现任主席耶伦在2015年3月末参加旧金山联储会议时表示，"今年晚些时候"将是一个较为合适的时间窗口，货币政策正常化（Normalizing Monetary Policy）将继续往前推进（Yellen，2015）。考虑到美联储在危机期间的货币政策实践，货币政策正常化的整个过程不仅应该包括量化宽松政策的退出，还应该包括市场过剩流动性的回收以及未来美联储资产负债表规模的缩减等内容。当然，目前最为重要的一点，是利率政策重新发挥重要作用，而提高联邦基金利率便是当务之急。

二、货币政策正常化的经济基础与理论基础

进入2015年以后，美国经济基本面持续改善，各种制约经济复苏的不利因素正在逐步削减（Yellen，2015）。一是房地产市场明显好转（杨力、李蕊，2014；Dudley，2014），供大于求的局面正在改善，传统抵押贷款利率自危机起始的高点逐步回落，新房开工、完工和新建住房数量稳定提高，房价自2012年开始呈现良好的上升势头，抵押贷款违约率及止赎借款人比例都有了明显的下降。二是财政制约因素的影响显著下降。全国和各州的财政紧缩状态已经结束，政府债务占GDP比重缓慢下降。三是消费者财务状况明显改观。家庭房屋贷款总额下降，家庭债务负担占收入的比重已回落至20世纪90年代的水平。此外，家庭净资产随着房价上涨和金融资产估值大幅回升。四是银行信贷积极扩张，各类贷款增势良好。自2010年二季

表　美联储缩减QEⅢ的进程

宣告时间	MBS缩减幅度（亿美元/月）	长期国债缩减幅度（亿美元/月）	剩余QEⅢ和QEⅣ的规模（亿美元/月）
2013.12.18	50	50	750
2014.01.29	50	50	650
2014.03.19	50	50	550
2014.04.30	50	50	450
2014.06.18	50	50	350
2014.07.30	50	50	250
2014.09.17	50	50	150
2014.10.29	50	100	0

注：宣告日期为FOMC每次为期两天的例行会议后。

数据来源：Board of Governors of FRS, DDP.

度以来，美国商业和工业贷款步入稳定增长通道，反映实体经济活力逐步恢复，房地产贷款在2015年大幅增加，并超过危机前水平，消费贷款也在高于危机前的水平上稳步增长。五是能源价格大幅下降。对于能源净进口国美国而言，这将有助于提高住户部门实际收入水平，并进一步扩大消费支出。以上这些不利因素的消退，加上总产出和总支出温和增长的环境，加快了近期就业市场进一步好转的步伐。2015年4月末，美国失业率已经降至5.4%，这是危机以来的最低点，距离美联储最近公布的5.0%~5.2%的目标区间仅一步之遥，就业市场的复苏基础非常稳固。

基于经济基本面的持续改善，在近期美联储的报告和负责人的讲话中，"今年晚些时候"进行加息操作的措辞一再出现，归纳起来，主要有以下几点理由。首先，联邦基金利率的适度上调可能会使就业市场较快的回升速度略有减缓，但中断其增长的可能性微乎其微。其次，货币政策的滞后性决定了美联储不会等到通货膨胀水平接近2%的目标时才进行加息操作，在就业持续改善的背景下，未来物价稳定将在美联储的双重目标中重新占据突出的位置，而且长期的零下限利率政策将鼓励投资者持有过高风险，进而降低金融市场的稳定性。最后，"泰勒规则"在处理当前的现实情况时仍然力不从心，如果参照这一规则，零下限利率政策还将持续一段很长的时间，但美联储认为假设条件的变化会显著影响这一规则的适用性（Yellen, 2015）。

三、货币政策正常化的未来路径

很显然，在现实情况下，"渐进式"的货币政策正常化更加适合当前美联储的策略选择需要，在渐进式地推进货币正常化进程时，美联储面临着几项主要的任务。一是缩小并最终停止资产购买计划，这一操作已经于2014年10月完成。二是提高联邦基金利率。三是通过超额准备金利率、再贴现率和逆回购等货币政策工具回收市场流动性。自2008年12月美联储将超额存款准备金利率由1%下降至0.25%之后，一直维持这一水平。长期来看，套利交易将使其与联邦基金利率的利差缩小，因此，美联储有可能通过提高准备金利率作为升息前检验经济复苏是否稳健的重要手段（杨力、李蕊，2014），但也有可能在首次加息之后动用超额存款准备金利率工具和再贴现利率工具，以实现将有效联邦基金利率推向更高目标范围的目的（Dudley，2014）。此外，隔夜逆回购协议也将围绕联邦基金利率的调整发挥次要作用，辅助巩固联邦基金利率的下限。四是通过出售债券等方式缩小美联储资产负债表规模，正如前文所分析的，这将是美联储未来几年时间内面临比较棘手的问题。

毫无疑问，提高联邦基金利率将是其他利率政策调整的重要基础，也是货币政策正常化的重要节点。联邦基金利率上调的节奏和幅度很大程度上取决于两方面的因素。一是经济发展情况及金融市场条件的变动信息反馈，后者是货币政策传导机制的重要组成部分，包括长短期利率水平、息差、信贷可得性、股票价格和美元的汇价。鉴于危机前后金融市场条件与联邦基金利率相关性的下降（Dudley，2014），联邦基金利率的调整需要实时密切观察金融市场条件的变化。二是潜在GDP增长情况，而这又取决于就业市场改善的速度和生产率增长趋势。在3月末的联邦公开市场委员会例会上，美联储表示，预计失业率将在2017年末下降至长期可持续水平，且通胀率会上升到2%左右。基于此，从"今年晚些时候"的加息窗口开启，到2017年末，联邦基金利率中值将以每年一个百分点的幅度增加（Yellen，2015）。换言之，目前美国实际联邦基金利率的均衡值接近于零，远低于联邦公开市场委员会所评估的"长期稳态水平"（0.75%~1%），因此，这一稳态水平叠加2%的通货膨胀率就是未来长期名义利率的应有区间，也是联邦基金利率在2017年末需要达到的水平。

从美联储近期的态度来看，"今年晚些时候"首次提高联邦基金利率将是一个大概率事件，接下来的几年，在经济复苏势头不发生大的波折时，持续稳定地加息也将顺理成章。当然，这一切的货币政策正常化举措都将以就业最大化和价格稳定的双重目标为基础。

执笔：张建平

保持投资平稳增长 稳定首都经济增速

中国人民银行营业管理部调查统计处

当前，中国经济正步入"三期叠加"的新常态，北京市经济增速略有下滑。2014年，北京市GDP同比增长7.3%，比上年回落0.4个百分点；2015年一季度，北京市GDP同比增长6.8%，比上年同期回落0.3个百分点。人民银行营业管理部通过综合分析认为，投资增速放缓是北京市经济增速下滑的重要影响因素；保持投资的稳定增长能够稳住经济增速，为调结构、转方式创造有利条件，当前仍需要发挥投资的关键作用；房地产业、基础设施建设领域、科技文创产业是值得重点关注的投资方向。现将有关情况报上，供参考。

一、投资增速放缓是北京市经济增速下滑的重要影响因素

（一）投资增速放缓拖累北京市经济增速

投资增速放缓是北京市经济增速下滑重要的影响因素。2014年，北京市固定资产投资增速明显下滑，全社会固定资产投资同比增长7.5%，增速较上年下降1.3个百分点；进入2015年后，投资增速进一步下滑，一季度全社会固定资产投资同比增长3.1%，增速较上年同期下降2.4个百分点。同期，消费品市场保持平稳增长，2014年社会消费品零售总额同比增长8.6%，增速较上年下降0.1个百分点；2015年一季度同比增长6.6%，增速较上年同期上升1.5个百分点。与消费的平稳增长相比，固定资产投资表现不尽如人意，固定资产投资增速放缓是北京市经济增速下滑的主要原因。

（二）投资增速呈现总体放缓和结构分化的双重特征

一是新常态下投资增速总体出现趋势性下滑。在人口、资源、环境的约束下，北京市的生产性投资需求受到一定限制，固定资产投资处于下行通道。2014年北京市工业生产者价格指数(PPI)保持了上年的下降趋势，全年同比下降0.9%，降幅比上年缩小1.7个百分点；

2015年一季度同比下降2.5%，降幅比上年同期扩大1.2个百分点。PPI持续紧缩说明北京市与全国一样，经济面临着产能过剩的压力，企业经营压力加大，投资需求萎缩，导致固定资产投资增速整体下滑。

二是内部结构出现分化。从结构上看，除房地产业、基建投资重点支持的行业、高技术行业固定资产投资保持一定增长且增速有所加快外，其他大部分行业固定资产投资增速都出现了一定程度的下滑，甚至出现了负增长。2014年北京市房地产开发投资、基础设施投资分别同比增长12.3%、13.0%，增速比上年分别上升1.8个、13.2个百分点；2015年一季度房地产开发投资同比增长26.8%，增速比上年同期上升17.9个百分点。其他行业中，由于产业疏解原因，制造业投资减速明显。2014年北京市制造业投资同比下降25.0%，降幅比上年扩大24.6个百分点；2015年一季度同比下降2.9%，降幅比上年同期缩小26.6个百分点，降幅缩小的原因是上年同期基数较低。由于人口、资源、环境的压力，北京市产业疏解将持续推进，制造业投资减速态势难以逆转。

（三）房地产开发投资的稳定增长对北京市经济起到了良好的拉动作用

房地产开发投资在固定资产投资中占有重要地位。2001年以来，在全社会固定资产投资中，房地产开发投资的占比持续稳定在50%以上。

房地产开发投资保持较快增长对北京市经济起到了良好的拉动作用。2014年，北京市完成房地产开发投资3911.3亿元，同比增长12.3%，增速比上年提高1.8个百分点；2015年一季度完成房地产开发投资681.9亿元，同比增长26.8%，增速比上年同期提高17.9个百分点。房地产开发投资的稳定增长一定程度上弥补了其他领域投资的减速，由于在全社会固定资产投资中占比超过50%，房地产开发投资的增长有力支撑了全社会固定资产投资的增长，对经济起到了良好的拉动作用。

二、稳定北京市投资增速需要重点关注的领域

在下行压力不断加大的背景下，正确认识、有效发挥投资拉动经济增长的关键作用十分必要。当前，首要问题是要找准投资方向，可以重点关注以下三个领域。

（一）在北京市经济中占有重要地位的房地产开发投资

房地产业的迅速发展对经济增长具有重要的拉动作用，房地产开发投资增速加快将带动经济增速上行，而房地产业表现低迷必然对经济增长产生下行压力。分析发现，北京市房地产开发投资同比增长率与GDP同比增长率高度相关。

房地产市场的变动可以通过诸多渠道影响经济增长。一是财富效应及预期效应。由于房产在中国家庭的总资产构成中占有较大比重，房价上涨将导致居民财富增长，居民还可能产生房价进一步上涨的预期，其对未来财富预期贴现值将因此上升，可能引起私人消费的增加。二是行业关联效应。房地产业融资量大、波及面广、产业链长，对相关产业的带动作用明显，房地产市场回暖可能导致对相关行业需求的增加，带动相关行业投资增速的提高。三是财政效应。房地产业的相关税收、土地出让收入是政府重要的资金来源，房地产市场回暖将导致政府收入扩张，其借助财政手段调控宏观经济的能力将有所提升。

（二）具有较大发展潜力的基础设施投资领域

基础设施投资可以通过乘数效应对经济发展起到巨大的带动作用，特别是在经济下滑时期，加大基础设施投资力度，可以在防止总需求过快下滑的同时，增加未来基础设施供给，为经济长期发展提供坚实的物质基础。2014年，北京市基础设施投资同比增长13.0%，增速比上年提高13.2个百分点，其中能源领域投资增长30.5%，交通运输领域投资增长13.9%，公共服务业领域投资增长11.3%，对稳增长发挥了重要作用。世界银行（1995）将基础设施分为经济型基础设施和社会性基础设施，前者包括交通运输、邮电通讯、能源供给、公共工程等，后者包括科教文卫、环境保护等。在社会性基础设施投资中，加大对教育、医疗卫生等领域的投资力度不仅仅能够增加当期投资，还对长期拉动消费具有积极的正面效应，值得重点关注。

（三）有利于形成经济增长新动力的科技、文创投资

积极发现、培育新的经济增长点是当前政府经济工作的重要任务，而加快我国的自主创新进程、不断提高我国的科技创新能力是其中的一个重要方面。国际上通常采用研究与试验发展（R&D）活动的规模和强度指标反映一国的科技实力和核心竞争力，R&D活动是技术进步的源泉，增加R&D投入将有助于经济增长新动力的形成，加快动力机制的转换步伐。此外，随着文化在经济领域对产业的渗透与融合日益突出，一种新的产业形态——文化创意产业迅速发展。文化创意产业以其近乎于零的边际成本和低廉的固定资本投资成为新的经济增长点，并通过回顾效应和旁侧效应对经济规模产生根本的扩散效应，有效促进经济增长。近年来，依托中关村国家自主创新示范区，北京市充分发挥科技创新、文化创新的支撑引领作用，科技、文化双轮驱动作用日益增强。2014年，全市R&D经费支出达1286.6亿元，相当于地区生产总值的6.03%，位列全国第一，比2008年提高0.45个百分点；文化创意产业增加值超过2700亿元，占全市GDP的比重从2008年的12.1%提高到13%左右。

执笔：孙　丹

对四川金融机构潜在不良贷款率的估算

中国人民银行成都分行调查统计处

2014年以来，主要受宏观经济下行影响，四川金融机构资产质量整体下滑，但从实际了解的情况看，由于业绩考核和监管压力等原因，金融机构在经济下行期会倾向于隐匿不良贷款，这导致我们很难准确掌握金融风险的真实状况，造成相关政策出现偏差。为此，本文从多个角度对全省不良贷款率的潜在水平进行间接估算，结果显示，全省潜在不良贷款率大致是公布水平的两倍左右。目前，全省金融机构贷款减值准备较为充足，利润能够完全弥补潜在的拨备缺口，信用风险整体可控。

一、全省不良贷款现状

不良贷款率是目前最直接，也是最常用的反映金融机构信贷资产质量的监管指标。历史一般规律显示，在经济下行期，不良贷款率会随之上升，并逐步呈加速态势，最终在经济步入周期底部的当年或次年达到峰值。从四川的情况来看，一是不良贷款率变动滞后于宏观经济。从2012年开始，全省经济出现阶梯式回落，GDP增速年均下降2.5个百分点左右，但全省不良贷款率在2010—2013年反而持续下降，2013年末降至1.53%，滞后于经济周期两年左右。二是目前全省处于不良贷款率加速上升的阶段。自2014年以来，全省信用风险逐步暴露。2015年3月末，公布数据显示，全省不良贷款率为1.95%，连续上升9个月，并且不良贷款率加速攀升的迹象明显，3月末较2月末上升0.17个百分点，已接近2014年全年的累计涨幅。三是不良贷款主要集中于制造业和批发零售业。2015年3月末，全省制造业和批发零售业不良贷款率分别为5.53%和4.66%，在所有行业中最高，且不良贷款额合计占全省不良贷款总额的66.8%，尤其是有色金属冶炼加工业、通用设备制造业、专用设备制造业三类子行业不良贷款率分别达到20.9%、19.5%和11.0%，不良贷款余额合计占全省不良贷款总额的16.9%。四是分机构看，政策性银行不良贷款率最高，达到

3.87%；农村合作金融机构、外资银行不良贷款率分别为2.26%和2.2%，均超过全省平均水平。从绝对规模看，国有大型银行、政策性银行、农村合作金融机构不良贷款余额合计占全省不良贷款总额的八成以上。五是分地区来看，内江、德阳、阿坝三市（州）不良贷款率最高，2015年3月末分别达到8.96%、8.14%和5.31%；成都、德阳、内江三市的不良贷款绝对额最大，合计占全省不良贷款总额的58%。产业构成因素导致德阳、内江两市成为不良贷款"重灾区"。六是风险处置力度加大。面对新增不良贷款加速攀升的趋势，各金融机构纷纷加大处置力度。以省内某大型法人金融机构为例，2013年其核销呆坏账41.4亿元，2014年通过核销呆账、股金溢价置换、风险救助金置换、拨备冲销不良贷款等多种方式合计处置50亿元左右。

二、全省潜在不良贷款水平估算

（一）多动因导致不良贷款暴露不充分

一是不良贷款指标与绩效收入直接挂钩。商业银行现行的绩效考核指标体系主要包括经济效益指标、风险成本控制指标和社会责任指标，其中，风险成本控制指标包括不良贷款率、拨备覆盖率、资本充足率等。《商业银行稳健薪酬监管指引》中明确规定，有一项风险成本控制指标未达到要求的，当年全行人均绩效薪酬不得超过上年水平；有两

项未达到控制要求的，当年全行人均绩效薪酬在上年基础上实行下浮，高级管理人员绩效薪酬下浮幅度应明显高于平均下浮幅度；有三项及以上指标未达到控制要求的，除当年全行人均绩效薪酬下浮调整外，下一年度全行基本薪酬总额不得调增。各金融机构在执行上述规定时，往往会更加严苛，层层加码，催生分支机构隐瞒上报的动机。二是不良贷款指标与监管评级直接挂钩。在所有影响商业银行监管评级的要素中，资产质量状况指标的权重达到20%，不良贷款率过高很可能会直接导致评级下移。根据《商业银行监管评级内部指引（试行）》，评级越低，对应的监管措施将越严格，针对不同情况可能会采取增加现场检查频率、责令停办部分业务、暂停开办新业务、停止批准增设分支机构、从严控制高管人员提拔的任职资格申请等特别监管措施。综合上述两点，在内外因驱使下，金融机构自下而上、自内向外瞒报不良贷款的动机强烈。另外，金融机构的瞒报行为在结果上同监管部门的"政绩"方向相吻合，一定程度上也存在监管部门对不良贷款指标的真实性"故意放水"的可能。

（二）从贷款损失准备角度估算潜在不良贷款

贷款损失准备是指商业银行按照谨慎会计的原则，对贷款可能发生的损失计提的准备，具体包括一般准备、专项

准备和特种准备三类①。通常来讲，商业银行计提贷款损失准备具有明显的亲周期性，即在经济上升期，银行信贷投放增多，盈利状况较好，会倾向于计提更多的拨备来防止信贷风险；反之，在经济下行期，贷款增长放缓，银行利润收窄，会倾向于减少对拨备的计提。2014年以来，受经济下行、利差收窄等因素影响，银行业利润考核压力明显增大，导致其不具备增加拨备而冲减利润的动机，但若大量新发生的实际不良贷款隐藏在正常贷款中，商业银行出于风险控制的考虑，会被迫增加正常贷款一定比例的拨备，导致对应科目下的贷款损失准备不降反增，通过这部分数据即可在一定程度上评估出潜在的不良贷款规模。

2014年，四川省正常类和关注类贷款计提的贷款损失准备分别增加了113亿元和33亿元，其中，由于正常类、关注类贷款增多导致贷款损失准备分别增加59亿元和13亿元②，由此得出，一是关注类贷款的贷款损失准备多计提20亿元，合理假定这部分多计提的准备金对应的计提比例为10%，则2014年全省关注类贷款中隐藏的不良贷款为200亿元左右。二是正常类贷款的贷款损失准备多计提54亿元，同上述不同的是，正常类贷款多计提的贷款损失准备可能是因为其对应的贷款应列入关注类或者不良贷款，因此先按目前全省关注类和不良贷款的比例结构对其进行分成，然后再按照10%的计提比例进行反推，得出2014年全省正常类贷款中隐藏的不良贷款为310

亿元左右，最终进行加总合并，2014年全省潜在不良贷款余额为1115亿元左右，是原不良贷款余额的1.8倍，潜在不良贷款率在3.2%左右。

（三）从逾期贷款角度估算潜在不良贷款

自2000年开始，国内商业银行贷款分类体系由传统的四级分类转变为目前的五级分类。旧的分类体系下，对不良贷款的识别相对简单，只要逾期即为不良，由于贷款的期限标识在系统内无法擅自更改，对应的不良贷款结果也较为客观真实；而新的分类体系中，判定贷款质量的因素增多，逾期与不良之间并不完全挂钩③，这有助于识别和弥补事实存在却尚未发生的风险，弊端则在于判别标准的弹性过大，各金融机构及分支行可以较轻易地"腾挪"不良贷

---

① 其中，一般准备是根据全部贷款余额的一定比例计提的、用于弥补尚未识别的可能性损失的准备，《贷款损失准备计提指引》（以下简称指引）规定一般准备年末余额应不低于年末贷款余额的1%；专项准备是指对贷款进行风险分类后，按每笔贷款损失的程度计提的、用于弥补专项损失的准备，指引指出银行可参照关注类贷款2%、次级类贷款25%、可疑类贷款50%、损失类贷款100%的比例计提专项准备；特种准备是指针对某一国家、地区、行业或者某一类贷款风险计提的准备，从四川省的数据来看，2014年末四川省银行业金融机构特种准备余额仅70万元，几乎可以忽略不计。

② 2014年，四川省金融机构正常类贷款和关注类贷款分别新增3931.2亿元和434.7亿元，根据指引中参照的准备金计提比例，计算得出两类贷款需对应增加计提的准备金额。

③ 新的贷款分类体系下，逾期贷款不一定划入不良贷款，如2015年3月末，四川省逾期贷款余额为1137亿元，其中纳入不良贷款的仅529亿元，占比为46.6%。同时，不逾期也可能是不良贷款，如2015年3月末，四川省不良贷款余额为706亿元，减去上述逾期的不良贷款529亿元，仍有177亿元为非逾期不良贷款。

款规模①。但总体上，逾期贷款和不良贷款的变动趋势应基本一致，从历史数据也可以看出，两者之间有较强的正相关关系。例如，2010—2013年期间，全省逾期贷款率与不良贷款率几乎同步回落，回落幅度均在一半左右。

但2014年开始，逾期贷款快速攀升，截至2015年3月末，全省逾期贷款余额为1136.8亿元，是2013年末的3.8倍，而同期不良贷款仅增长51%，逾期贷款与不良贷款之间的巨大分化一方面进一步佐证了全省不良贷款被瞒报的事实，另一方面也为估算潜在不良贷款率提供了参考。结合传统的四级分类标准，将展期贷款、非逾期不良贷款和逾期贷款相加②，可以构造出最谨慎、严格的不良贷款结果，即全省不良贷款的上限值；若将其中的逾期贷款替换为逾期30天以上贷款，可以得到潜在不良贷款率的合理估计。结果显示，2015年3月末，全省不良贷款的上限值为1778.2亿元，不良贷款率上限为4.9%；按照逾期30天以上贷款计算的不良贷款为1538.3亿元，不良贷款率为4.2%，是公布的不良贷款率的2.2倍。

三、信用风险整体可控

综合来看，两个途径独立测算的全省潜在不良贷款率基本上是公布的不良贷款的2倍，目前在4%左右。未来随着风险的不断暴露，不良贷款率继续上升的压力较大，根据不良贷款与经济周期的滞后关系判断，不良贷款率很可能在2016年才会达到峰值，但总体上看，全省金融机构信用风险整体可控。2015年3月末，全省各项贷款减值准备为1100亿元，按照2倍的真实不良贷款和100%的拨备覆盖率来计算，需额外增加计提贷款损失准备300亿元，若10%的不良贷款规模按照35%的账面值进行转让处置，则贷款损失准备缺口降至250亿元左右，2014年全省金融机构利润达877.5亿元，能够完全满足要求，信用风险总体可控，但对金融机构利润会造成明显冲击。

---

① 为此，商业银行总行对分支行的考核体系中，仍高度重视逾期贷款指标，例如逾期非不良率，即逾期贷款中正常贷款占全部贷款的比例，该指标越高，表明贷款质量越差。

② 扣除其中的重复项，即展期贷款中的不良贷款100.1亿元，下同。

2015年二季度浙江省经济运行状况

中国人民银行杭州中心支行调查统计处

中国人民银行杭州中心支行在全省范围内组织开展二季度经济金融形势调研，结果显示：

一、一季度浙江经济增长高开存在一些外生性的翘尾因素影响，统计口径调整对经济数据的扰动也不容忽视

一季度地区生产总值同比增幅中，有上年下半年部分新增长动力注入导致的翘尾因素，也有核算方式调整以及政府经济指标考核的外生扰动因素。要正确判断下半年经济走势，就必须正视并厘清这些外生和翘尾因素的影响。

一是服务业核算方式调整因素。一季度浙江省服务业增长10.8%，服务业对地区生产总值的贡献率高达64.5%，拉动地区生产总值增速5.3个百分点，成为支撑浙江省经济增速回升的绝对主力，特别是信息技术和互联网相关的营利性服务业增长迅速。据统计部门反映，服务业核算方式调整约拉动地区生产总值增长0.3个百分点。营利性服务业由原来按电信业务服务总量核算改为按规模以上服务业企业营业收入核算，此项核算方式调整拉高一季度地区生产总值增幅0.1个百分点。非营利性服务业由原来按一般公共服务支出核算改为按与民生相关的八项服务支出核算，此项核算方式调整拉高地区生产总值增幅0.2个百分点。

二是上年下半年资本市场新一轮行情带来的金融业翘尾因素。上年下半年，股市新一轮行情开启，同时房地产"双限"政策松动后成交量大幅上涨，股市、房市新行情延续到今年上半年，其对地区生产总值同比增幅的翘尾效应在一季度得到体现：一季度金融业拉动地区生产总值增长1.5个百分点，其中证券业拉动0.7个百分点；同期，房地产销售由上年一季度拖累地区生产总值增长0.3个百分点转为带动地区生产总值增长0.3个百分点。如果剔除股市和房市的翘尾因素，今年一季度浙江省地区生产总值增速仅为7.2%。预计二季度股市、房市影响将比一季度进一步扩大。

三是上年下半年互联网新兴业态爆

发式发展的翘尾效应。上年下半年，阿里系向移动虚拟网络、影视文化、O2O、小微金融等领域迅猛扩张，以阿里巴巴在纽约证券交易所上市为标志，浙江省高科技信息服务业开始新一轮爆发式增长。据测算，以阿里系为龙头的互联网新兴产业拉动一季度浙江省地区生产总值增长0.4个百分点。

四是部分经济指标的政绩考核对经济统计数据的扰动因素。浙江省政府将工业技改投资和商品房销售面积等指标纳入基层政府稳增长督查项目，对上述指标的非正常扩大起了重要作用。1~5月，全省工业技改投资增速为12.8%，比工业投资高7.3个百分点，占全部工业投资额的68.4%，而对商品房销售面积的考核客观上对各地房地产销售面积扩大起到了一定作用。

二、二季度经济增长内生动力动能不足，随着转型升级的推进仍有进一步向下调整的压力

一是主要一致指标增长明显低于上年同期，经济增长内生动力没有明显好转。1~5月，浙江省工业增加值同比增长4.7%，比上年同期下滑1.6个百分点；投资、消费、出口三大需求分别同比增长13.3%、7.3%和2.7%，分别比上年同期回落3.5个、4.9个和5.4个百分点。作为"克强指数"主要指标之一的工业用电量仅增长0.5%，比上年同期下滑2.3个百分点，其中制造业用电量也仅同比增长0.7%，比上年同期下滑3个百分点；同期

货物周转量同比仅增长0.8%，比上年同期下滑7.6个百分点。

二是新兴产业带来的"边际改善"难以承接总量调整压力，经济增长内生动力仍待激活。1~5月浙江省民间投资仅增长10%，比上年同期下降5.2个百分点；占整体投资额的59.9%，比上年同期下降1.8个百分点。从具体行业看，虽然汽车信息行业、高端装备等新产业投资增势强劲，汽车、通信电子、其他交通设备等投资增幅分别达到24.2%、31.3%和12.8%，远高于制造业投资增幅，但纺织、化工、通用设备制造等传统低附加值行业投资仍相对低迷，且严重拖累全省投资总量增长。1~5月，全省在建工业投资项目下降12.4%，计划总投资下降4.4%。

三、世界维持微弱复苏态势，且结构不均衡状况有所加剧，而国内经济环境全面好转也尚需时日

在4月《世界经济展望》中，IMF基本维持1月的悲观预期，将2015—2016年全球增长率预期分别调整为3.5%和3.8%，但对各大主要经济体的预测出现较大的结构性调整：将美国今明两年增长率分别下调0.5个和0.2个百分点（至3.1%），将欧元区今明两年增长率分别上调0.3个和0.2个百分点（分别至1.5%和1.6%），将日本今明两年增长率同步上调0.4个百分点（分别至1.0%和1.2%）。

而从国内状况看，目前我国经济正处于新旧发展模式的过渡期、新旧增长

动力的衔接期，新常态在本质上并非一种稳定平衡状态，而是从高要素和资源投入、高潜在产出率、高社会和环境成本的传统增长模式向创新驱动的低要素资源投入、中低潜在产出率、环境友好型的新发展模式转型的动态再平衡过程，而目前仍处于这一再平衡过程的艰难阶段。除潜在产出增长放缓外，新常态艰难期突出表现为投资率回落、资金劳动力等成本上升以及消费结构开始由以实物消费为主向以"符号消费"为主升级。对浙江省这种"两头在外"的传统制造业大省来说，去产能和转型升级的难度和复杂性超过全国大多数省份。

因此，浙江省经济增长的环境中短期内难以全面好转，潜在产出增长率也存在较大的调整压力。

综合考量，经济下行压力不减，而前述翘尾因素渐次消失，将对下半年经济增长速度带来进一步的负面影响。虽然在工业技改投入和装备制造业、战略性新兴产业等推动下，下半年工业增长有望企稳回升，并在一定程度上抵消服务业翘尾因素消失的影响，但总体上经济增速回落的可能性仍较大，预计全年地区生产总值增幅为7.5%~7.8%（见表）。

表　浙江主要经济指标预测

预测内容	年份	2015			2016				2017
	单位	1~6月	1~9月	全年	1~3月	1~6月	1~9月	全年	1~3月
新增贷款	亿元	3700	4600	5600	2300	3800	4700	5800	2300
贷款增速	%	8.9	8.7	8.0	11.3	10.6	14.8	21.5	20.9
融资规模	万亿元	4800	5900	7900	2800	5300	6500	7400	3100
地区生产总值	%	8.0	7.8	7.7	7.6	7.8	7.9	8.1	8.0
工业	%	4.9	4.8	5.0	5.1	5.3	5.6	5.7	6
消费	%	8.9	9.1	9.0	8.8	9.0	9.1	9.3	9.0
投资	%	13.4	13.2	13.1	14	15.5	15.6	16	17
CPI	%	1	1.1	1	1.2	1.5	1.9	2	2
PPI	%	−3	−3.1	−2.9	−2.5	−1.9	−0.5	0.5	1

当前江苏省固定资产投资形势分析及下阶段走势展望

中国人民银行南京分行调查统计处

近年来,受长期趋势和短期因素的叠加影响,江苏省固定资产投资增速持续放缓。2015年1~4月,全省固定资产投资进一步放缓,且回落幅度较大,但从今年各月累计增速的变化来看,投资增长低位有所企稳。具体来看,投资主体结构有所调整,民间投资增长相对较快,国有及国有经济控股、港澳台及外商投资增速回落幅度较大;工业投资增长有所企稳,内部结构有所优化,传统产能过剩行业投资增速回落较大,新兴制造业和日用消费品制造业投资增长较快;房地产投资增速明显回落,基础设施投资的支撑作用依然较强,部分政策支持的服务业投资加快增长。展望下一阶段,预计2015年二季度后全省固定资产投资有望低位企稳回升,但全年固定资产投资增速仍将低于2014年增速。其中,企业技改投资意愿较强、融资环境改善、新兴制造业投资加快增长将推动工业投资低位企稳;房地产投资预计在

较长一段时间内将低位调整,但受政策提振,下半年预计增速较目前有所回升;地方政府融资平台贷款约束放松、地方政府债券发行提速和地方政府逆周期调控的要求将推动基础设施投资保持较快增长。

一、2015年1~4月江苏省固定资产投资增长的特点

(一)固定资产投资增速明显回落,但从今年各月累计增速看,低位有所企稳

2015年1~4月,全省完成固定资产投资13493.92亿元,累计同比增长11.2%,增速分别比2014年同期和全年下降6个和4.3个百分点。从较长时序看,2005—2012年,固定资产投资增速虽有所波动,但基本维持在20%以上的高位区间运行。2013年之后,在产能过剩及劳动力、土地、环境等要素制约不

断增强的背景下，固定资产投资增速降至20%以下的区间运行，且增速不断回落，2013年、2014年固定资产投资增速分别为19.6%和15.5%，2015年1~4月，固定资产投资增速进一步放缓。但是，从2015年各月累计增速看，1~2月、1~3月、1~4月投资增速分别为11%、11.5%、11.2%，低位有所企稳。

（二）投资主体结构有所调整，民间投资增长相对较快

在总体固定资产投资增速有所放缓的同时，投资主体的结构有所调整，主要表现在以下两个方面：

一是民间投资增长相对较快。1~4月，全省完成民间投资9320.2亿元，累计同比增长12.7%，虽然增速比上年同期回落3个百分点，但仍高于总体投资增速1.5个百分点；占总体投资的比重为69.1%，比上年同期提高1.2个百分点。从民间投资的领域来看，一些传统的垄断性行业民间投资加快增长。江苏省发展改革委数据显示，1~3月，水电气生产和供应业、公共管理业等行业的民间投资均增长30%以上。

二是国有及国有经济控股、港澳台及外商投资增速回落幅度较大。1~4月，全省完成国有及国有经济控股投资2975.5亿元，累计同比增长12.2%，增速较上年同期大幅回落18.1个百分点，回落幅度大于总体投资同比增速12.1个百分点；占总体投资的比重为22.1%，与上年同期基本持平。全省完成港澳台及外商投资1198.2亿元，累计同比下降5.2%，增速较上年同期回落9.2个百分

点，回落幅度大于总体投资同比增速3.2个百分点；占总体投资的比重为8.9%，比上年同期下降1.5个百分点。

（三）工业投资增长有所企稳，内部结构有所优化

1~4月，全省完成工业投资6826.16亿元，累计同比增长10.7%，增速较上年同期回落3.8个百分点，低于总体投资增速0.5个百分点。从较长时序看，2013年以来，全省工业投资增速在20%以上的增长区间波动回落，2013年、2014年增速分别为17.5%、10.2%，分别较上年回落2.9个和7.3个百分点。2015年以来，工业投资增速虽然较上年同期进一步放缓，但是从年内各月来看，工业投资增速有所企稳回升，1~2月、1~3月、1~4月工业投资增速分别为9.8%、10.4%、10.7%。

与此同时，工业投资内部结构有所优化，主要表现在：

一是产能过剩行业投资增速大幅回落。1~4月，全省纺织业、造纸及纸制品业、化学原料及化学制品制造业、黑色金属冶炼及压延加工业、有色金属冶炼及压延加工业投资同比分别增长9.4%、5.5%、−3.7%、−13.9%、−11.6%，增速分别较上年同期下降15.3个、50个、23.1个、21.9个、1.2个百分点，分别低于总体投资增速1.8个、5.7个、14.9个、25.1个、22.8个百分点，五大行业合计拉动工业投资增速下降0.4个百分点，而上年同期五大行业合计拉动工业投资增速上升3.5个百分点。

二是新兴制造业和日用消费品制造

业投资保持较快增长。受国家深化电力体制改革、加快电网改造推动，全省电气机械及器材制造业（主要包括输配电及控制设备制造业、电工器械制造业、电机制造业等）投资同比增长18.3%，增速比上年同期提高12.7个百分点，对工业投资增长的贡献率达15.3%，比上年同期提高11.6个百分点。受2013年以来促进信息消费的政策和"智慧江苏"、"宽带江苏"建设推动，全省计算机通信和其他电子设备制造业投资同比增长14.2%，增速虽然较上年同期回落5.2个百分点，但仍然高于工业投资增速3.5个百分点，对工业投资增长的贡献率达10.2%，比上年同期提高0.3个百分点。与此同时，食品制造业、制鞋业等日用消费品制造业投资较快增长。1~4月，全省食品制造业、皮革毛皮羽毛（绒）及其制品业和制鞋业投资同比分别增长57.1%和76.8%，增速较上年同期分别提高37个和71.6个百分点，分别高于总体投资增速45.9个和65.6个百分点，合计对工业投资增长的贡献率达10.8%，比上年同期提高9.4个百分点。

三是工业技改投资快速增长。受环保监管趋严和产业结构调整深化影响，1~4月，全省完成工业企业技改投资3321.8亿元，累计同比增长19.2%，增速虽然较上年同期回落1.1个百分点，但仍高于同期工业投资增速8.5个百分点；占工业投资的比重为48.7%，比上年同期提高3.6个百分点。

（四）房地产投资增速明显回落，基础设施投资的支撑作用依然较强，部分政策支持的服务业投资加快增长

一是在商品房销售增速持续下降、库存仍居高位背景下，房地产投资增速回落明显。1~4月，全省完成房地产投资2497.85亿元，累计同比仅增长3.7%，增速比上年同期下降13.7个百分点，低于总体投资增速7.5个百分点，为近5年以来最低增速。从较长时序看，随着2014年初以来商品房销售持续下降，2014年二季度以后全省房地产投资增速持续波动下行，自2014年1~3月19.8%的增速持续下行至2015年1~4月的3.7%。

二是受地方政府财政预算收入和土地出让收入增速放缓、43号文[①]对地方政府债务管理趋严等因素影响，加上上年同期基数较高，基础设施投资增速也出现明显回落，但对全省投资增长的支撑作用依然较强。1~4月，全省完成基础设施投资2082.87亿元，累计同比增长18.6%，增速虽然较上年同期33.3%的高增速回落14.7个百分点，但仍高于总体投资增速7.4个百分点，对固定资产投资增长的贡献率达24.9%，比上年同期提高0.4个百分点，仍是全省投资增长的主要支撑力量。从较长时序看，2012—2014年，全省基础设施投资增速保持20%~50%的高增长；2015年初以来，基础设施投资增速滑落至20%以下。

三是民生服务业、租赁和商务服务业投资增速上升较快。受中央和地方对

---

① 《国务院关于加强地方政府性债务管理的意见》（国发〔2014〕43号）

养老、医疗、社会保障、物流业等服务业支持政策推动，1~4月，居民服务、修理和其他服务业，卫生和社会工作，公共管理、社会保障和社会组织，租赁和商务服务业等行业投资同比分别增长44.7%、73.3%、24.2%、34.6%，增速分别较上年同期上升47个、70.1个、22.2个、25.5个百分点，分别高于总体投资增速33.5个、62.1个、13个、23.4个百分点，合计对总体固定资产投资增长的贡献率为12.4%，比上年同期提高11.1个百分点。

二、2015年下阶段固定资产投资形势展望

我们预计，江苏省2015年固定资产投资增速总体较上年有所回落，但较1~4月略有回升。预测①显示，2015年江苏省固定资产投资全年同比增长约12.1%，比2014年增速下降3.4个百分点，但比前4个月略微回升0.9个百分点。主要判断依据在于以下三个方面：

一是固定资产投资到位资金增速持续上升。1~4月，全省固定资产投资实际到位资金同比增长5.7%，增速虽然比上年同期回落8个百分点，但从年内增速看，固定资产投资到位资金增速自1~2月的1.4%持续升至1~4月的5.7%。2014年四季度至2015年，中央政府和各部委先后出台多项政策缓解企业融资难、融资贵，人民银行也先后3次降息和2次降准，企业融资环境得到较大改善，预计下阶段固定资产投资到位资金增速将继续有所加快。

二是民间投资增速将有所加快。2014年以来，中央和地方政府积极鼓励和引导民间投资，在能源、交通、水利、环保、市政等多个领域向民间资本开放，同时全面深化改革和简政放权，清理、取消行政审批项目，大力支持大众创业，激发民间投资活力。预计下阶段民间投资增速将进一步加快，支撑总体投资增速企稳回升。

三是江苏省当前在建项目和新开工项目计划总投资规模偏小、增速偏低，预计也将对全年固定资产投资增长形成制约。1~4月，全省在建项目计划总投资、新开工项目计划总投资分别增长1.1%和9.9%，增速分别比上年同期回落6.4个和0.8个百分点。在建项目、新开工项目中，亿元项目个数同比分别下降9.5%和4.1%，增速分别比上年同期回落12.7个和9.4个百分点。

分行业看，2015年，工业投资将低位企稳；房地产投资增速将较上年有所回落，但回落幅度将较1~4月有所收窄；基础设施投资将保持较快增长；服务业（扣除基础设施和房地产）投资增长将进一步加快。

执笔：王宗林　初审：王海慧
终审：崔　健

---

① 文中主要指标预测通过时间趋势法、ARIMA、ARDL、VAR、状态空间模型等多种方法预测值权重加权平均得到，并综合考虑了各市2013年重点建设项目计划投资的调查结果。

商业银行未来风险应对压力不容忽视

中国人民银行合肥中心支行调查统计处

受经济下行压力影响，安徽省商业银行信贷资产质量持续下降，不良贷款较年初均明显"双升"。商业银行面临大型企业风险扩散、中小企业风险加剧和产业转移企业风险发酵等问题。整体信用环境趋于劣变，未来风险积聚压力将日趋加大。

一、安徽省银行业风险分布的主要特点

受到国内经济增速放缓、房地产价格回调、中小微企业经营状况没有明显好转以及部分产能过剩行业不良贷款不断暴露的影响，安徽省银行业不良贷款余额与不良率呈现"双升"态势。数据显示，2015年一季度末，全省银行业机构不良贷款余额不良贷款率分别为408.05亿元1.75%，较年初分别上升51.89亿元和0.15个百分点。

（一）部分行业领域信贷风险集中暴露，不良贷款防控压力加大

2014年以来，全省部分行业企业资金链趋紧，不良贷款持续增长，信贷资产质量下行压力加大。具体表现在：一是制造业信贷风险上升。受整体宏观经济下行压力加大影响，制造业不良贷款上升较快。2014年末，全省制造业不良贷款余额占全部不良贷款的比重较上年提高5.5个百分点，不良率高于全部行业0.3个百分点。此外，由于制造业中小微企业居多，规模小、融资渠道窄，易于产生经营冲动，贷款有进一步劣变的风险。数据显示，截至一季度末，全省制造业逾期90天以内和逾期90天以上贷款余额分别为43.06亿元和111.82亿元，同比分别增长47.76%和19.9%。二是产能过剩行业供求矛盾突出，部分企业营运状况恶化，违约风险增加。如某主营钢材生产制造的企业资金链出现断裂，导致3.22亿元银行贷款逾期。

（二）互保联保贷款风险持续上升，潜在风险仍在不断累积

目前，为解决小微企业融资中常见的担保不足问题，部分商业银行采用行业或区域内企业互保联保的方式放款，

但由于互保联保体内的中小企业大多基于同行业、同区域、上下游等相互关系，具有高度趋同性，且部分小微企业多涉及民间融资，一旦发生共生风险，易导致互保联保体所有成员还贷能力和担保代偿能力同时下降，发生风险的交叉感染，导致互保联保贷款风险不断累积。数据显示，2014年以来，全省互保联保关注类和逾期类贷款快速增长，年末余额分别为3.6亿元、2.7亿元，同比分别大幅增长505.5%、256.3%。

（三）地方法人银行机构风险较突出，各类机构资产质量有所下滑

受到区域金融风险扩大的影响，地方法人银行机构不良贷款反弹压力较大。数据显示，一季度末全省农村合作银行不良贷款余额合计为104.45亿元，比年初增加13.4亿元，其中83家机构中有63家不良贷款出现反弹。此外，由于不良贷款持续增加导致的拨备计提较多，利率市场化及降息因素导致银行息差持续收窄，银行机构利润增速明显放缓，经营压力加大。一季度全省银行业法人金融机构累计实现净利润54.79亿元，同比增长15.86%，增速较上年同期回落19.83个百分点。

（四）影子银行与正规金融体系的风险关联度加大，影子银行风险需高度关注

小额贷款公司、融资性担保公司、典当行、农民资金互助合作组织等具有融资功能的非金融机构在追逐利润最大化的过程中，与银行机构、民间借贷市场、房地产行业以及融资性非金融机构

之间的关系日益密切，并且通过错综复杂的资金链和业务链关系进行风险传染。以省内某市为例，3月末，该市共有17家融资性担保机构或因被注销营业执照，或因被注销许可证而退出市场，股权性质全为民营。

二、当前商业银行风险暴露的主要原因

（一）行业内大型企业风险蔓延扩散，重大信用风险事件冲击当地经济

省内支柱产业以产能过剩行业为主，当前煤炭等资源类产品的价格持续下跌将省内部分国有大型资源型企业拖入了困境，如两淮煤矿、马钢等，其财务指标和现金流均出现了较大幅度的下降。目前这些潜在的大额问题贷款风险尚未完全化解，随着宏观经济形势和企业经营状况的变化，大型企业的信贷资产质量状况存在较大的不确定因素，随时有集中爆发的态势，并反作用于经济。如2014年下半年淮矿物流重大信用风险事件发生，使所在地区的金融生态环境严重恶化，不仅使省内多家商业银行信贷资产质量显著下滑，而且其所在地方的经济也受到了冲击。

（二）民间融资交织风险和大型企业转嫁风险双重施压下，中小企业信贷风险不断加剧

一方面，在缺乏有效风险阻隔的情况下，中小企业风险扩散趋势加快。目前省内部分地市受担保链、担保圈风险与民间借贷风险的交叉传染，中小企业

集中出现贷款逾期、欠息现象。对省内某市209户中小企业的问卷调查显示，涉及担保案件的企业为21户，占总户数的10.05%，引发的不良贷款占不良贷款总额的18.90%；因参与民间借贷导致资金链断裂，引发关注类贷款和不良贷款的企业户数为55户，占总户数的26.32%，引发的关注类贷款占关注类贷款总额的33.92%，引发的不良贷款占不良贷款总额的24.51%。另一方面，享受大型企业辐射效应的中小型企业由于抗风险能力弱，易被大型企业转嫁风险，往往率先出现问题。据多家银行反映，当前大企业对中小企业的货款普遍采取拖欠或以物冲抵的做法，严重挤占中小企业资金，客观上造成中小企业出现风险。

（三）产业转移企业风险持续发酵，违约事件时有发生

2009年起，全省加快打造皖江承接产业转移经济带，合肥、芜湖、安庆、滁州等地区承接了大量从江、浙、沪、闽转移来的企业。在当前经济增速放缓、经济转型升级等因素影响下，不少企业受到较大冲击，风险随之向省内渗透，因异地关联公司出险牵连产业转移企业贷款违约的风险事件时有发生。如近期，某环保彩纤有限公司和某聚合高科有限公司因母公司流动资金问题，无法按期偿还贷款。另据某国有商业银行安徽省分行对2013年和2014年法人客户劣变贷款情况分析，有江、浙、沪、闽背景的企业共计143户，贷款余额21.02亿元，占全部法人客户劣变贷款的49.04%。

三、未来银行资产质量的变化趋势

（一）不良贷款不断滋生，清收处置难度加大

目前，在经济增幅放缓、企业经营压力增大的情况下，银行不良贷款尤其是以小微企业为主的不良贷款不断暴露。客户数量多、担保有效性差等问题造成清收难度加大，不良贷款处置效果并不明显。

（二）逾期贷款快速攀升，短期内化解乏力

商业银行迫于考核压力，采用"借新还旧"的方式掩盖逾期贷款，导致贷款逾期时间不断拉长，风险化解乏力，形成对不良贷款的强力助推，直接冲击银行资产质量的管控效果。

（三）个人不良贷款增势加快，个贷风险不容小觑

随着经济增速的持续回落，个人预期收入增加存在一定的不确定性，个人贷款风险有所加大。某国有商业银行安徽省分行反映，个人贷款中个人消费和个人经营贷款风险较大。2月末，个人消费不良贷款比年初增加0.28亿元，不良贷款率为5.05%，比年初上升0.87个百分点；个人经营不良贷款比年初增加0.37亿元，不良贷款率为3.72%，比年初上升0.50个百分点。

内蒙古自治区当前经济运行情况

中国人民银行呼和浩特中心支行调查统计处

统计数据显示，内蒙古自治区当前经济运行呈现以下特点：

经济稳中有升、稳中有进

(一)工业生产增长稳中略升，大型企业引领作用突出

在全区"稳增长、保工业"系列措施的逐步实施下，全区工业生产增长稳中略升。1~5月，全区规模以上工业增加值同比增长8.1%，比1~4月增速提升0.1个百分点，也高于全国平均增速1.9个百分点。从六大支柱产业看，实现了"两超"，即装备制造业增长2015年首超规模以上工业增长、冶金建材业对工业增长的贡献率超过了能源工业。1~5月，装备制造工业增加值同比增长8.2%，2015年首次高于规模以上工业增加值增速；冶金建材工业增加值同比增长13.4%，对工业增长的贡献率达35.1%，超过能源工业贡献率4.9个百分点。

(二)固定资产投资平稳增长，但房地产开发投资下降明显

2015年以来，全区固定资产投资保持平稳增长，增速维持在13.8%~14%的区间内。1~5月，全区500万元以上项目固定资产投资完成3069.5亿元，同比增长13.8%，与1~4月增速持平，但略低于上年同期增速0.3个百分点，高于同期全国平均增速2.4个百分点。从三次产业看，第二产业和第三产业投资额均超过了千亿元，且第二产业投资增长较快。第一产业完成投资219.81亿元，同比增长12.5%；第二产业完成投资1642.01亿元，同比增长20.1%，其中，电力、热力、燃气及水生产和供应业完成投资401.25亿元，同比增长59.6%，是增速最快的行业；第三产业完成投资1207.68亿元，同比增长6.5%。从项目数看，施工项目数增长实现了由降转增。1~5月，全区施工项目6586个，同比增加223个，增长3.5%；其中2015年新开工项目4002个，同比减少287个，下降6.7%；本年实现投产项目1792个，同比下降0.7%。

PPP项目推进卓有成效。目前，全区初步筛选出38个潜在的PPP项目，其中存量项目21个、新建项目17个；总投资712亿元，其中政府投资138亿元、引入社会资本投资281亿元、银行贷款293亿元。

房地产开发投资下降明显。1~5月，全区房地产开发完成投资195.61亿元，同比下降24.5%，比1~4月降幅收窄4.3个百分点。商品房销售仍在下降，但降幅有所收窄。1~5月，全区商品房销售面积329.12万平方米，同比下降8.4%；商品房销售额146.44亿元，同比下降13%，均比1~4月降幅明显收窄。

(三)消费市场平稳，餐饮业保持增长

消费市场平稳。1~5月，全区实现社会消费品零售总额2283.66亿元，同比增长7%，比一季度、1~4月增速均加快0.2个百分点，但低于全国平均增速3.4个百分点。从住宿餐饮业看，餐饮业仍保持增长，全区限额以上餐饮业营业额完成33.9亿元，同比增长16.2%，比1~4月增速加快1.4个百分点。

(四)对外贸易由增转降，外贸形势的严峻性、复杂性没有改变

对外贸易由增转降，充分体现出了世界经济的不稳定、不确定因素仍较多，外贸形势的严峻性、复杂性没有根本改变。1~5月，全区实现进出口总值312.65亿元，同比下降2.4%，由1~4月的同比增长0.4%转为下降，但仍高于全国平均增速5.4个百分点。其中，出口值121.89亿元，同比增长1.9%；进口值190.76亿元，同比下降4.9%。从主要贸易对象看，我区前十大贸易伙伴中，与蒙古国、德国、秘鲁、越南四大贸易伙伴贸易额实现增长，贸易额分别为83.11亿元、8.15亿元、6.26亿元和6.02亿元，同比分别增长9%、87.4%、22.3%和51.8%。进口额增长较快的是德国，达6.53亿元，同比增长1.15倍。出口额增长较快的是新西兰，同比增长94.4%。但作为自治区向北开放的重要对象，对俄贸易交流仍需加强。1~5月，对俄贸易额为65.87亿元，同比下降16.3%，且无论从俄罗斯进口还是向其出口均为同比下降。

(五)消费价格小幅上涨，工业生产价格仍明显下降

居民消费价格保持小幅涨势。1~5月，全区居民消费价格同比上涨0.8%，比1~4月同比涨幅略升0.1个百分点，但仍低于全国平均涨幅0.5个百分点。其中，城市同比上涨0.8%，农牧区同比上涨0.6%。从八大类别看，除交通、通讯和居住两类价格同比下降外，其余六类价格均平稳小幅上涨。交通和通讯类价格同比下降2.2%，居住类价格同比下降0.2%。工业生产价格仍明显下降。工业企业生产价格仍处于明显下降的趋势中。1~5月，全区工业生产者购进价格同比下降3.7%，与1~4月降幅持平；出厂价格同比下降5%，比1~4月降幅再扩大0.2个百分点。具体来看，生产资料的出厂价格降幅大于生活资料出厂价格降幅，生产资料出厂价格同比下降5.7%，生活资料出厂价格同比下降1.3%。

云南省地方法人金融机构利润增长多元化特征明显

中国人民银行昆明中心支行调查统计处

2015年以来，云南省金融机构面临较为严峻的外部经营压力。在经营环境不断变化、同业竞争加剧的情况下，云南省地方法人金融机构资产负债结构的调整成为大势所趋。

一、负债资金来源多元化，主动型负债占比有所提高

（一）理财产品发行数量和募集金额快速增长

2014年以来，云南省地方法人金融机构理财业务快速发展，产品发行数量及募集资金均呈现较快的增长。截至2015年4月，云南省地方法人金融机构发行理财产品的余额为132.15亿元，比2014年同期多增45.72亿元，同比增速为52.89%，比同期云南省地方法人金融机构各项存款同比增速高42.05个百分点，较好地缓解了各项存款同比增速下降的影响。其中，理财产品发行量最大的为富滇银行，2015年4月末其理财产品余额为110.02亿元，比2014年末多增37.36亿元；理财资金占各项存款的比重也由2014年4月的10.50%上升至2015年4月的15.37%，提升了4.87个百分点。

（二）积极开拓同业市场，同业资金成为流动性的良好补充

云南省地方法人金融机构近年来积极开拓同业市场，通过同业存放、拆借等方式融入资金，同业资金在流动性管理方面发挥的作用加大。截至2015年4月末，云南省地方法人金融机构同业负债规模达294.67亿元，比2014年同期新增45.48亿元；同业负债占总负债的比重也由2014年4月的2.26%上升至2015年4月的2.78%，提升了0.52个百分点。

（三）创新主动型负债品种，同业存单发行量增长显著

银行同业存单作为金融机构自主发行、定价和交易的主动型负债品种，具有金额大、期限长、稳定性高的特点，

能够有效降低商业银行长短期资金期限错配的风险。近年来，云南省地方法人金融机构积极发展同业存单业务，为大额可转让存单发行做好准备工作。截至2015年4月，云南省富滇银行同业存单余额达25.83亿元，其中2015年新增发行额达20亿元。

二、加强资产配置结构调整，利润增长点多元化

标准化存贷款抽样统计显示，降息后，2015年4月云南省样本机构存贷款利差水平为4.67%，比2014年9月下降近0.24个百分点。利率市场化背景下，存贷款利差收窄成为云南省金融机构普遍面临的新常态。

（一）利息收入对利润的贡献度降低，中间业务收入增长较快

随着存贷款利差的逐步收窄，以贷款为主的利息净收入增长放缓，云南省地方性法人金融机构2015年一季度实现利息净收入77.54亿元，比2014年同期减少了1.20亿元；利息净收入占营业收入的比重也从2014年一季度的95.18%下降至2015年一季度的91.26%，降低了3.92个百分点。

利息收入减少的同时，中间业务却得到较快的发展，2015年一季度云南省地方法人机构实现中间业务收入3.92亿元，比2014年同期增长1.74亿元，同比增速为79.82%，高出同期营业总收入同比增速76.91个百分点；中间业务收入占营业总收入的比重也从2014年一季度的2.64%上升至2015年一季度的4.62%，上升了1.98个百分点。

（二）表外业务稳定发展，高收益带动利润增长

截至2015年3月末，云南省地方法人金融机构表外业务余额达399.95亿元，比2014年同期新增106.19亿元，同比增长36.15%。

（三）主动调整信贷资金投向结构，提高支持地方经济发展效能

2014年以来，云南省地方法人金融机构积极响应国家宏观经济调控要求，主动调整信贷资源投放方向，为云南省市政基础设施、高速公路建设、水电建设等相关行业提供了强有力的资金支持，支持地方经济发展的效能不断提升。截至2015年4月，云南省地方法人金融机构投向租赁和商务服务业的贷款余额为311.21亿元，同比增长45.51%；投向交通运输、仓储和邮政业的贷款余额为173.01亿元，同比增长近339%；投向电力、热力、燃气及水生产和供应业的贷款余额为91.57亿元，同比增长68.53%；投向水利、环境和公共设施管理业的贷款余额为70.03亿元，同比增长86.26%。

执笔：和治臣

2015年二季度广东省企业生产经营状况调研报告

中国人民银行广州分行调查统计处

2015年6月中下旬，人民银行广州分行调查统计处组织在东莞、佛山、惠州、河源等地开展实地调研，同时对342户企业开展了出口、资金、外迁情况问卷调查，调研显示：

一、企业总体经营放缓，国内外市场需求不足制约依然明显

（一）企业生产经营放缓，产能利用情况不容乐观

广东546户工业企业景气调查显示（以下简称广东景气调查），2015年二季度，几乎企业所有的指标都弱于上年同期，部分创出开展调查以来的历史最低水平，企业面临的形势比上年更加严峻。仅有20%的企业反映经营状况较好，降至调查开展以来的次低点（仅略高于2009年一季度）。企业产能利用情况不容乐观，30.1%的企业认为设备利用水平"偏不足"，是近五个季度以来的最低水平；企业平均产能利用率为76.8%，比上年平均水平低4个百分点。

（二）企业普遍保持低库存，降低成本

调研显示，2015年以来，企业原材料价格波动较大，加之市场需求不足，故企业普遍采取保持低库存运作，力争产销平衡，降低原材料和产成品存货的库存成本。如湛江某水产开发有限公司表示，在原材料价格趋于稳定，且市场行情见好的情况下，会增加库存，但出于保守做法，该企业原材料库存不如往年，产成品存货仅限于大宗客户订单。

（三）企业对未来出口预期不乐观

调研企业普遍对未来预期不乐观，短期内生产经营好转信心不足。东莞商务局对4000家企业调查显示，二季度，42.3%的企业订单出现下降，较一季度上升19.3个百分点。对342家企业调查显示，仅有17.8%的企业预计全年出口订单"增长"，预计"下降"的企业占24.3%。

5月结束的第117届春季广交会累计出口成交1721亿元，比2014年春季广交会下降9.6%。参展企业反映展会上直接下单的采购商较少，新客户多数采取试探性合作，一些采购商以了解市场行情为主；同时，订单短、小特征明显，企业议价能力弱。作为外贸风向标，广交会成交下降预示未来半年出口形势不容乐观。

影响企业出口的主要因素如下：

一是需求不足。二季度广东景气调查显示，37.2%的企业对整体市场需求的判断是"供大于求"，是2013年调查开展以来最严峻的情况。东莞商务局反映，2015年以来，传统市场需求出现萎缩，1~4月，东莞出口香港同比下降4.2%，出口欧盟同比仅增4%（比上年增幅低10个百分点）。

二是产能转移。据广东省商务厅摸查，近三年广东加工贸易企业累计向外转移产能涉及进出口400亿美元，预计2015年继续向外转移100亿美元以上。东莞商务局一季度调查显示，33%的企业有订单转移情况，转移金额达到45.5亿美元。如为耐克、阿迪达斯等代工的东莞裕元工业等大型加工贸易企业陆续将部分产能转移至东南亚等地。

三是人民币有效汇率升值。2014年下半年以来，欧元、日元持续下挫，人民币被动升值，也是1~4月广东对欧出口增幅同比回落8.9个百分点、对日本出口持续两位数下降的影响因素之一。东莞商务局反映，人民币实际有效汇率的升值导致部分日资企业把生产线转回日本。广州冶金进出口公司反映，随着汇率波动加大，进出口双方难以把握，币种选择分歧较大，为规避汇率风险，企业不敢接单，尤其是长单、大单。

二、投资收益增长和利息成本降低是企业利润改善的主因

1~4月，广州分行监测的546户工业企业利润总额同比增长8.9%，较一季度上升0.9个百分点。企业对二季度盈利状况的判断指数为57.2%，较上季度上升9.2个百分点。

目前企业利润改善的主因是投资收益增长。1~4月，监测企业投资收益同比增长27%。尤其是4月，企业利润同比增加17亿元，其中6亿元来自于投资收益，对利润增加的贡献率高达35%。4月末，对146家企业调查显示，企业股市投资热情迅速升温，14.4%的企业参与股票投资，比上年同期上升11个百分点；企业平均投资金额达到9143万元，平均投资收益为933万元，比上年同期增长48.3%，占企业利润总额的比重达16.9%，较上年同期上升13.3个百分点。

利息成本降低是企业利润改善的另一个原因。1~4月，监测企业利息净支出同比下降28.5%，利息支出减少对企业利润增加的贡献率达到18%。如诺而达铜管（中山）有限公司反映，在2015年连续两次降息带动下，企业利息支出减少，盈利状况改善，1~4月企业利息支出较上年同期减少364万元。

需要注意的是，当前由投资收益和

成本费用改善驱动的企业利润改善可能难以持续。从中长期来看,企业利润的回升还需要真实需求的推动,但目前企业需求端并没有明显起色。1~4月监测企业主营业务收入同比下降1.6%。

三、企业关停情况基本稳定,但向东南亚外迁呈增多趋势

从工商登记数据看,目前广东企业关停注销情况基本稳定。2014年,广东工商企业注销10148户,同比减少1.92%;工商企业注册465196户,同比增长19.23%,新增企业增长率大于企业关停注销数量增长率。据广东省商务厅摸查,2014年广东外商投资企业关停、搬迁1620家,新批外商投资企业6016家,新批企业数量大于关停、搬迁企业。1~4月,东莞市累计关停、外迁企业110家,同比减少27家,下降19.7%。

但是,调查数据和外管系统数据显示,企业外迁和外资企业撤资呈现增多趋势。近期对130家企业调查显示,近两年转移至越南、柬埔寨等东盟地区的企业占比3.1%,未来两年计划转移企业达到8.5%,呈现升势(由于无法调查到已全部转移企业,因此实际比例会更高)。广东外管系统数据显示,2014年,广东省(不含深圳)外资制造业撤资①金额为17.1亿美元,同比增长27.3%,比2012年增长3倍。其中,港澳台资制造业企业撤资件数为448件,是2012年的2.3倍;撤资金额为13.4亿美元,是2012年的5.2倍。2015年一季度,港澳台制造业企业

撤资同比增加0.7亿美元,增长74.7%。

近年来,印度、越南、印度尼西亚等东南亚国家大力改进硬件设施,制定许多比中国更加优惠的、鼓励外资流入的政策(见表),再加上毗邻的地理位置,加速吸引外商投资资金。广州广交会进出口公司反映,虽然东南亚方面存在产业链条仍不完整、地缘政治因素不明朗、工人劳动积极性不高等制约因素,但随着国内成本不断加大,加之东南亚投资环境的逐步改善,纺织、玩具、家具等行业可能会出现整体产业链向外转移的情况。

从根本原因看,本轮企业外迁和撤资与2008年金融危机造成的"珠三角倒闭潮"有区别。2008年珠三角地区"三来一补"外贸型企业倒闭更多地是受到外需萎缩的影响,属于市场原因。本轮外迁和撤资更多地是由于产业因素,即传统代工类工厂依靠的产业基础减弱了。那些自身营运水平没有得到改善、没有品牌和技术的代工类企业正在迁出。

外管系统数据显示,2014年,广东省港澳台资制造业企业撤资中,劳动密集型企业占比高达92.5%,关停、外迁的港澳台资企业合计占比高达95.23%,主要集中在电子、纺织鞋帽、塑料、五金等传统制造业。另以东莞为例,统计数据显示,2013年以来,东莞电子仪器仪

---

① 撤资指外商全部或部分终止在东道国或地区的生产经营活动,包括停业清算、出售资产、出售生产线以及脱离等。其中,FDI股东减资实际理解为外商减少注册资本。FDI转股外转中理解为外资转中资,属于外资脱离。FDI企业注销指外商停业清算。

表 2014年广东省与部分东南亚国家生产要素对比分析

地区	劳动力平均成本（元人民币）	工业用地平均价格（元/平方米）	外资企业优惠政策
广东省	2500~3000	406	无
越南	1000~1200	200~400	对鼓励投资领域和投资地区在税收、亏损转移、固定资产折旧、土地使用、技术转让扶持等方面给予优惠。
柬埔寨	500~600	200~300	对外资纺织服装企业减免9年所得税，免征出口税，免征原材料进口税。
泰国	1200~1500	300~500	外资企业所得税减税5年，免税期达3~8年，外商投资企业免缴收入汇出税。
马来西亚	1800	300~600	符合资格的外国投资者可获得5年的多次往返签证。

数据来源：根据世界银行、广东省国土资源厅、广东省人力资源与社会保障厅网站资料整理。

表制造、纺织服装鞋帽、塑料制品及金属制品等行业关停倒闭企业分别占到全市总体关停企业数的44.1%、11.8%、7.6%和7%，合计占比70.5%。除了低端制造业以外，环保要求的提高也迫使高污染、高能耗的企业迁离。2009年以来，佛山顺德区共转移26家大企业，其中陶瓷8家、纺织印染4家、电镀14家，现在顺德区本土已没有陶瓷、纺织印染等传统产业。可以说，近年来广东外迁企业增多是劳动力成本、土地成本、环境资源成本等要素成本的持续上升倒逼区域经济"腾笼换鸟"以及产业转型升级过程中不可避免的过程。

与此同时，一些新的市场主体在增多。东莞工商局数据显示，2015年东莞制造业数据较为强劲，一季度新登记制造业市场主体6014户，同比增长25.3%。其中，新登记企业的行业已出现新趋势，比如生物、环保、职能、光伏等战略性新兴制造业市场主体就有152户。

四、企业用工需求下降，结构性缺工依然存在

（一）企业用工需求下降，大中型企业较为突出

广东省社保局监测显示，2015年大中型企业新增用工需求下降较为明显，同比降幅达5.1个百分点。其中，电子制造、纺织服装、制衣制鞋等行业新增用工需求下降较为明显。随着用工需求的下降，反映招工难问题的企业较前两年有所减少。二季度广东景气调查显示，反映"劳动力价格上升，招工难"的企业较2014年和2013年同期分别下降5个和9个百分点。

企业用工需求下降的主要原因：一是部分企业减员增效。随着人力成本的上升，企业更为积极地调整自身市场定位，部分企业主动砍掉不成熟的产品和压缩低利润订单，精简员工。二是订单转移。据广东省商务厅摸查，2014年广东外商投资企业关停、搬迁涉及就业人数约11.1万人。三是"机器换人"。珠三角地区缺工常态化促使越来越多的企业通过提高生产自动化水平减少对劳动力的需求。据广州分行调查，2012—2014年3年间，44.6%的企业已实施"机器换人"；实施"机器换人"后，企业一线员工平均减少7.2%。

（二）企业产能转移、外迁及关停带来的集中失业风险仍然存在

广东省人力资源和社会保障厅监测显示，一季度出现岗位流失的企业数同比增长8.2%，特别是自上年末以来，省内少数外向型加工贸易企业（主要集中在纺织、服装、电子、五金等制造行业）出现转移、搬迁甚至关闭破产现象，部分普通劳动力群体性失业风险上升。如2015年春节期间，西铁城精密(广州)有限公司突然关闭在华生产基地，遣散千余名员工。

值得关注的是，部分大型企业关停、转移不仅直接表现为自身的用工规模下降，还会对上下游企业产生连带的负面影响。如惠信精密部件有限公司是一家日资企业，主要为下游的大型日资电子企业生产电子元件，由于2014年下游索尼公司在惠州的数码相机、蓝光DVD机等产品大幅减产，惠信精密部件

有限公司订单受到严重影响，陷入严重亏损，于2015年1月宣布被法院查封，近600名员工需要重新就业。

（三）结构性缺工依然存在，人员流动性高成为企业的棘手问题

一方面，由于工作环境和工作性质难以吸引新生代的务工人员，纺织服装业、金属制品业、机械设备制造业、家具制造业等劳动密集型行业和传统制造业仍然存在招工难的问题。另一方面，企业转型升级、创新驱动进程加快，但劳动力素质仍不能满足创新驱动发展需求。据广东省人力资源和社会保障厅监测，5月广东技能人才求人倍率达到1.38，其中高级工以上人才求人倍率达到1.59以上。

此外，人员流动性高成为企业的棘手问题之一，其影响程度甚至超越了前期令企业备受困扰的用工成本和招工难问题。调查显示，140家调查企业2014年新招职工45933人，到年末时仅有20950人仍然在岗，员工流失率高达54%。

五、多重因素叠加，企业资金链趋紧

一是企业资金回笼减慢，资金拖欠增多。对342户企业资金调查显示，目前影响企业资金面的最主要原因是应收账款和资金拖欠增多，选择这两个原因的企业高达四成。如广东华业包装材料有限公司曾被评为"国家火炬计划重点高新技术民营企业"，但受到下游强势买家

账期拉长等影响，企业资金周转压力加大，产生了20多笔不良贷款。

二是部分企业前期盲目扩张，高负债运营、短贷长用是资金紧张的助推器。在市场行情不佳、企业经营低迷的背景下，抽离主业搞副业和投资，实行多产业经营，而随着投资领域急剧变化，资金被套，无法填补主业，也是企业资金链断裂的另一种典型原因。如广州大优煤炭销售有限公司是全国最早从事煤炭进口的大型企业，近年来公司开发山西运城酒店、珠水大厦、煤炭堆场等固定资产投资项目，再加上授信银行压缩公司融资额度40%，最终导致公司资金链出现问题。

三是部分企业转战金融投资，加大企业资金链断裂风险。随着股市行情进入牛市，投资收益不断增长，部分企业也投入股市等高风险金融投资领域，加大了企业资金链断裂风险。调查显示，4月末14.4%的企业参与股票投资，比上年同期上升11个百分点。

四是银行贷款审批收紧。企业调查显示，受到经济下行、银行不良贷款率上升等影响，银行对部分行业和经营不佳的小微企业贷款审批仍然较严。二季度广东省银行家问卷调查显示，银行对制造业和对小微企业贷款审批指数均有所收紧。

经营压力持续增大，转型升级举步维艰
——江西省企业生产经营情况调查

中国人民银行南昌中心支行调查统计处

为了解当前企业生产经营情况，6月上中旬，人民银行南昌中心支行在江西省开展了调查，并对吉安、宜春、萍乡、鹰潭4地市46户企业开展生产经营情况的实地调研，结果显示：

一、经济下行态势压力不减，企业经营压力持续增大

江西部分行业产能过剩仍较突出，房地产市场调整与分化并存，通货紧缩风险显现，工业品价格仍然低位徘徊，工业品市场需求总体改善并不显著，产能过剩矛盾累积继续对制造业回升构成制约，工业生产增速反弹速度放缓。一是面临整体经济下行压力。主要经济指标增速同比均有不同程度的回落，环比也出现减缓态势。1~5月，全省规模以上工业增加值、500万元以上项目固定资产投资、进出口总值增速较1~4月分别回落0.1个、0.7个、1.5个百分点。预示受国

内外市场需求萎缩以及经济增速换挡的压力和结构调整的阵痛相互交织影响，全省经济下行压力加大。人民银行南昌中心支行对江西381户工业景气企业问卷调查反映，二季度企业家当前宏观经济形势指数及对下季度宏观经济形势预测指数分别为32.28%、37.53%，较上年同期分别下降1.84个、1.05个百分点。二是面临市场运行环境压力。江西省统计局公布的数据显示，1~5月，全省铁路货运量较1~4月下降2.3个百分点，全省公路运输量较1~4月下降2.3个百分点，全省货物周转量较1~4月下降1.1个百分点。1~5月，全省水路运输各项指标继续下滑，其中货运量完成2098.6万吨，同比下降29.4%，降幅比1~4月提高4个百分点；货物周转量完成55.03亿吨公里，同比下降30.4%，降幅比1~4月提高2.8个百分点。1~5月，全省规模以上港口实现货物吞吐量4402.8万吨，同比增长2.3%，比1~4月回落1个百分点。工业品

价格持续低迷，5月全省工业生产者出厂价格同比下降5.2%，连续39个月处于下滑态势；铁矿石价格跌幅达30%以上，原油价格跌幅达50%以上，金、银、铜等金属价格均有较大幅度下跌，钢铁、铜价格几乎跌至近两年来的最低点，水泥价格也处于2014年以来的历史低位。

二、市场需求有所下降，出口订单明显减少

一是产品市场需求指数下降。据对江西381户工业景气企业问卷调查，二季度产品市场需求指数为39.24%，较上年同期下降0.79个百分点，持续6个季度低于40%；对下季度产品市场需求预测指数为40.29%，较上年同期下降1.18个百点。其中，国内产品订单与下季度国内产品订单预期指数分别为48.82%、52.24%，分别比上年同期下降0.53个、0.53个百分点。二是产能利用率持续走低。1~4月，全省工业企业主要产品生产能力利用率约为76.1%，远低于国际公认的80%~85%的合理水平。分行业看，煤炭开采和采选业、黑色金属矿采选业、有色金属矿采选业、非金属矿采选业产能利用率集体走低。三是出口订单持续减少。一季度，有产品出口的1157户企业中，仅有49户产品出口订货量高于正常水平，占比较上季度下降0.6个百分点；处于正常水平的有964户，占比较上季度下降1.5个百分点；低于正常水平的有144户，占比较上季度提高0.1个百分点。

三、企业库存水平趋于平稳，不同行业库存差异明显

一是企业库存水平趋于平稳。人民银行南昌中心支行对381户工业企业问卷调查结果显示，本季度企业原材料存货水平指数、对下季度原材料存货水平预期指数分别为51.97%、51.97%，分别较上年同期上升1.04个、0.52个百分点；本季度企业产成品存货水平指数、对下季度产成品存货水平预期指数分别为47.11%、48.43%，分别较上年同期上升1.83个百分点、下降0.26个百分点。二是不同行业库存差异明显。据人民银行宜春市中心支行调查，一方面，陶瓷行业库存量普遍偏低。高安市陶瓷主产区企业平均库存由2014年12月末的3个月下降至2015年5月的1个月。从去库存进度来看，消化较快的产品以中低端为主，在原材料陶土、煤炭价格止跌的情况下，将适当增加陶土、煤炭原材料库存。另一方面，花炮行业库存量上升明显。据万载县新华花炮厂、宏顺花炮厂及鑫安花炮厂调查，国家对大气污染治理程度加大、部分城区对花炮限放禁放规定实施以及同行业价格竞争加剧，导致国内花炮市场需求下滑，花炮生产企业大部分库存积压严重，部分企业处于半停产状态，企业生产经营面临困境。截至5月末，3家花炮生产企业产品库存达1100万元，较上年同期增长160%。

四、企业盈利状况有所下降，市场需求减弱、生产成本上升及企业税负是主要因素

据江西省统计局对全省2501户工业景气企业调查，一季度，被调查企业中，盈利状况高于正常水平、处于正常水平和低于正常水平的企业的比重分别为3.4%、78.9%和17.7%，而上年四季度三个比重分别为5.4%、77.6%和17%。一是市场需求下降。据人民银行吉安市中心支行调查，江西唯冠油压机械有限公司因市场需求下降，产品订单减少，营业收入由上年同期的1364万元降至368万元，减幅达73%。二是生产成本上升。据人民银行鹰潭市中心支行调查，受原材料、用工成本等因素影响，企业生产成本压力持续增加，部分传统行业产成品价格基本稳定或涨幅小于原材料价格涨幅，企业盈利水平不断受到挤压。三是税负有所偏重。人民银行鹰潭市中心支行调查反映，高新区光宝科技有限公司作为劳动密集型企业，受"五险一金"参保比率政策影响，企业实际支付的人工成本大幅增加。

五、固定资产投资增长动力不足，企业扩大投资规模意愿低落

一是固定资产投资增速持续回落。1~5月，江西完成固定资产投资5839.5亿元，同比增长16.1%，比1~4月回落0.7个百分点，比上年同期回落1.8个百分点，导致投资增速回落的主要因素是投资项目开工不足。1~5月，亿元以上新开工项目为430个，同比减少82个；亿元以上新开工项目计划总投资1912.9亿元，同比下降18.4%，回落25.3个百分点，完成投资577.1亿元，同比下降22.3%，回落35.7个百分点。新开工项目计划总投资持续负增长，尤其是亿元以上项目个数和计划总投资同比继续大幅回落，表明江西固定资产投资重大项目储备依然不足，项目规模仍然偏小。二是企业扩大投资意愿低落。2015年二季度江西省381家企业家问卷调查结果显示，本季度企业固定投资支出指数、对下季度企业固定投资支出预期指数分别为51.05%、50.53%，分别较上年同期下跌了3.28个、0.95个百分点。三是产业转型升级投资缺乏。据人民银行宜春市中心支行调查，上高县部分行业如食品、鞋业等劳动密集型行业企业表示有计划推进"机器换人"计划，但因项目资金投入巨大，大多数企业难以在短期内完成改进。2015年初，江西晶升粮油食品有限公司开展"机器换人"投资计划，现已实现用工人数同比下降10%，投资金额达100多万元，目前仅完成投资项目的60%，由于投资资金不足，暂时未继续进行机器更新，预计仍需投入150万元资金完成自动化生产、包装等工序。

2015年二季度河南省企业调研报告

中国人民银行郑州中心支行调查统计处

根据总行调研通知，人民银行郑州中心支行调查统计处组织在河南省开展二季度经济金融形势调研。调查结果显示：

一、企业生产经营基本稳定，部分企业订单有所增加，企业去库存意愿强烈，预计下半年经营状况将维持现状

（一）企业生产经营基本稳定，部分企业出口订单增加较多，但钢铁、有色金属、煤化工等传统行业经营困难

随着各项稳增长措施积极效应的逐步显现，企业生产经营基本稳定，产品市场需求、订单、盈利水平与上年基本持平。调查显示，二季度河南省企业总体经营状况指数为51.7%，较上季度微降0.8个百分点，降幅较上季度收窄2.9个百分点。

受大宗产品价格下降及环保治理等因素影响，钢铁、有色金属、煤化工等传统行业经营持续困难。以安钢为例，4月钢材产量环比下降5.2%，同比增长1.5%；5月产值同比下降20.1%，累计产值同比下降14.1%，降幅均有所扩大。有色金属行业企业受需求不振、资金紧张等因素影响，经营困难加剧，豫北金铅、岷山有色、三丰铜业均未能满负荷生产。

（二）生产成本上升是影响企业利润的主要因素

调查企业反映，生产成本增加是影响企业利润的主要因素，主要表现为：一是原材料成本增加。如龙马纺织集团使用的生产原料棉花的价格从2013年开始出现了暴涨暴跌，从1.3万元/吨涨至最高3.6万元/吨，逐渐回落到目前的2.1万元/吨左右，比2013年上涨61.5%。二是用工成本增加。三是融资成本居高不下。虽然2015年以来中央银行已两次降息，但企业资金成本仍然较高。金豫南面粉有限责任公司反映，该企业贷款余额为5195万元，企业平均贷款利率为9%左右，与上季度基本持平。此外，税费负担较重，也是影响企业利润的因素之一。神火集团反映，集团承担的各类税

费较多,除了增值税外,其他的增值税附加(城建税 7%、教育费附加 5%)、所得税、房产税、印花税、资源税等各类税费占销售收入的比重已超过 30%,2014 年集团上缴各类税费 16 亿元,亏损 5.79 万元;2015 年 1~5 月上缴各类税费 3.75 亿元,亏损 2.84 亿元。

(三)企业去库存意愿强烈,原材料价格止跌后愿意采取积极的经营策略

由于宏观经济下行,市场不景气,企业对短期经济回升预期较低,去库存意愿强烈。如宇天化工 5 月末产成品库存 1000 万元,同比减少 20%。

受原材料价格下降、产品销售不畅、货款回流速度放缓等因素影响,企业降低了原材料库存。如顺成煤焦二季度原材料价格(原煤 300 元/吨、精煤 500元/吨)同比下降了 50% 左右,企业减少了原煤和精煤的库存量,减幅为 21.6%;企业对原材料价格止跌后的经营形势持乐观态度,七成以上的被调查企业愿意在原材料价格止跌后增加库存,以应对原材料价格未来上涨趋势,增加企业盈利空间。

(四)企业预计下半年经营状况将维持现状,投资意愿不强

调查显示,二季度河南省企业总体经营状况预期指数为 58.7%,与上季度持平。其中,预计整体经营状况"一般"和"较差"的企业家占比分别为 56.7% 和 12.9%,二者合计占比近七成,表明企业家对下季度经营状况预期并不乐观。国亚机械反映,虽然企业生产经营属于上升期,但鉴于自身生产和其他企业因扩张导致资金链断裂的教训,不会增加投资,扩大再生产。

二、房地产市场出现回暖迹象,房企资金链紧张,楼市刺激政策效应开始显现,市场成交量有所放大

(一)房地产开发投资增速小幅回升,销售降幅持续收窄,新开工面积增速加快

一是房地产开发投资增速回升。1~5月,河南省房地产开发投资同比增长 8.8%,增速比 1~4 月回升 1.0 个百分点,扭转了自 2014 年 11 月以来增速逐月回落的态势。二是商品房销售降幅持续收窄。1~5 月,全省商品房销售面积为 2083 万平方米,同比下降 0.7%,降幅比 1~4 月收窄 3.6 个百分点。其中,商品住宅销售面积增长 1.4%,占商品房销售面积的比重为 91.7%;非住宅类商品房销售面积下降 19.0%,占商品房销售面积的比重为 8.3%。三是房屋新开工面积增速加快。1~5 月,全省房屋新开工面积达 2899 万平方米,同比增长 9.6%,增速比 1~4 月加快 1.1 个百分点。四是土地购置面积持续下降。1~5 月,全省房地产开发企业土地购置面积达 310 万平方米,同比下降 28.5%,降幅比 1~4 月扩大 2.8 个百分点。截至 5 月末,全省房地产开发企业待开发土地面积达 1126 万平方米,同比增长 17.8%。

(二)受市场风险加大影响,房地产开发信贷政策有所收紧

由于房地产市场不景气,风险加

大，金融机构的房地产开发信贷政策有所收紧。多数金融机构对房地产企业实行名单制管理，在客户和项目准入方面的要求更加严格。如建设银行河南省分行反映，2015年建设银行总行将全国288个地级市划分为一线、二线、三线、四线，河南省分行的权限为三线以上城市项目，三线以下城市项目需报总行核准。

中小房地产企业获取项目贷款难度加大。参与调研的房地产企业反映，2014年以来有关金融支持政策实施后，个人购房贷款利率上浮比例有所下调，但由于个贷需求较大，多数城市特别是县级城市个贷额度不足。大型房地产企业开发项目贷款与往年基本持平，中小房地产企业获取项目贷款更难，很大一部分县级城市基本停止项目贷款。由于融资困难，一些房地产企业高息借款，成本上升，利润下降，资金链断裂及由此引发的风险上升。

（三）政策效果开始显现，市场成交量有所放大

各地房地产新政相继实施后，对市场起到了一定的刺激作用。从市场反映看，群众购房咨询量和委托出售房源量均有所增加，成交量也有较大提升。5月新建商品房成交面积和金额与4月相比分别增长23%和29%，其中住宅成交量环比分别增长22%和31%。河南省住建厅统计了新政前后（以4月27日为界）近十天商品房平均成交量变化情况：郑州新政前商品房日均成交5.5万平方米，新政后日均成交6.06万平方米；平顶山新政前日均成交1.06万平方米，新政后日均成交0.89万平方米；洛阳新政前日均成交1.07万平方米，新政后日均成交1.05万平方米；南阳新政前日均成交1.4万平方米，新政后日均成交1.6万平方米。

（四）短期内房地产市场下行压力仍较大，长远来看房地产市场仍将稳健发展

从近期看，房地产市场下行压力仍然较大。1~5月全省房地产开发投资增速比1~4月虽然有所回升，但增速较低，仅为8.8%。土地购置面积也在持续下降，这些先行指标对后续发展将带来一定影响。从长远看，河南人口多，城镇化水平较低，房价总体水平不高，全省正处于城镇化加快推进时期，一系列政策措施有利于农村人口向城镇转移就业，刚性需求较大，为河南省房地产平稳发展奠定了基础。郑州市房地产开发投资和销售金额占全省的1/3，商品房销售面积占全省的近1/4，商品住房库存较小，稳定了全省市场。因此，今后一段时期河南省房地产市场将进入相对稳健发展期。

经济处于筑底阶段，企稳回升尚需时日

——2015年二季度湖南省工业企业生产经营情况调查报告

中国人民银行长沙中心支行调查统计处

近期，人民银行长沙中心支行在湖南省组织开展二季度经济金融形势调研，调研结果显示：

一、企业景气仍低位徘徊，市场需求低迷，产销回落

一是企业生产经营未见明显好转，景气指数继续回落。对湖南省254户企业家的问卷调查结果显示，二季度企业经营景气指数为48.8%，较上季度回落0.4个百分点，表明企业生产经营仍处非景气区间，低位徘徊。二是需求端未见明显改善，企业库存积压较多。二季度，湖南省监测的254户工业企业产品市场需求指数仅为28.7%，较上季度回落2.6个百分点；有50.8%的企业认为生产经营所面临的主要问题仍是市场需求低迷，较上季度上升2个百分点。5月末，受调查的149户工业企业库存商品达136.4亿元，较上月增加10.7亿元，同比上升

21.4%。三是部分行业、企业产能过剩严重，产销双双回落。全省受调查的149户工业企业前5个月工业总产值同比回落8.8个百分点，其中回落40%以上的企业有26家，占比达17.4%。如长沙中联重工工程起重机分公司在上年产值大幅下降的情况下，2015年前5个月产值同比下降近50%；中钢衡重受行业发展无序且同质化竞争愈演愈烈影响，前5个月产值同比下降41%，新签订合同仅9000万元，同比下降55.5%。

二、订单及盈利情况略有改善，但生产经营仍困难重重，成本上升、价格下降挤压企业盈利空间

订单方面，二季度全省254户企业家问卷调查结果显示，本季度企业订单情况略有好转，大型、中型以及小型企业的国内产品订单指数分别较上季度回升7.1个、2个和7.4个百分点，尤其是部

分优质企业在技改完成、新设备投放、新产品上线等有利因素拉动下，订单饱和，产品供不应求。例如，湘电集团1~4月订单同比增长42%；南车株洲电力机车有限公司订单已排到2016年，2015年以来一直是满负荷生产，5月末存货达77.1亿元，同比提高39.8%，原材料和在产品分别为19.2亿元和55.7亿元，同比分别提高43.8个和39.1个百分点。盈利方面，由于企业产品销售价格升幅超过原材料购进价格升幅，加之降息进一步降低企业财务成本等原因，下季度湖南省规模以上工业企业效益增长稳定，盈利能力小幅提升。据省经信委调查，1~4月，全省规模以上工业企业盈亏相抵后实现利润429.3亿元，同比增长7.8%，增速较上月回升1.1个百分点。

虽然企业订单和盈利情况略有好转，但企业生产经营仍困难重重，用工成本上升、产品价格下降双向挤压企业盈利空间。调查中，企业普遍反映用工成本同比增长5%以上，特别是"五险一金"负担使企业感受尤为明显。例如，衡阳顺风车桥公司反映，员工"五险一金"占到员工工资的近一半，大幅增加了企业的人工成本。与之相反，企业迫于竞争压力，只得以低价销售产品，进一步挤压了盈利空间。例如，湖南新龙矿业有限责任公司锑产品价格从2012年的64000元/吨下降到目前的31500元/吨；特变电工衡阳分公司负责人表示，2015年以来公司产品价格持续低迷，缩水60%左右，影响公司盈利超过1亿元；辰州矿业有限公司反映，仲钨酸铵价格

同比下降24.38%，锑价格同比下降13.04%，金价格同比下降7.38%，受此影响，1~4月，公司利润总额同比减少2669万元，降幅达24%。

三、企业预期较弱，后期扩大再生产意愿不强，投资依然谨慎

二季度企业预期依然较弱，普遍"以单定产"、"以销定产"，扩充产能、增加投资的意愿不强。5月末，受调查的149户工业企业原材料库存为165.9亿元，比上月略增14.1亿元，同比下降1.6个百分点，表明在原材料价格下降的情况下，企业增加原材料库存以扩大生产的意愿仍然较低，投资也仅限于技术改造、转型升级方面，很少有计划进行大规模的项目投资。例如，天天见梳篦有限责任公司原计划投资1500万~1600万元建原材料仓库，但由于经济下行，投资计划停滞。另据对邵阳市32家中小微企业投资意愿调查，45.6%的企业"没有投资计划"，比上季度提高2.9个百分点。调查中还发现，部分资金充裕的企业投资信心不足，资金非生产性运用现象增多，如特变电工衡阳分公司现在富余资金8亿元，全部上存集团公司。

四、困境中企业纷纷谋求转型，部分企业关停给未来就业市场带来较大压力

在市场不景气、经济下行压力倒逼机制下，部分企业积极主动调整发展战

略，优化产品结构，完善内部管理，提高抗风险能力，确保生产平稳增长。例如，特变电工衡阳分公司通过减废料、材料采购招标、产品运输服务反竞拍等方式，千方百计降低成本，确保盈利。

在转型升级的阵痛期，部分企业成功转型，得以维持生产，占领市场，而大部分实力较弱、经营困难的企业却有心无力，难以摆脱生存困境，只得停产甚至关闭。例如，长丰集团下属的联成汽车模具有限公司原主要为广汽三菱生产配套零部件，由于原车型停产，企业陷入困境，现已处于停产状态，从业人员也由年初的150人减少到现在的20人，部分公司对减员采取转入其他单位或买断的形式。部分中心支行也调查反映2015年企业关停现象较多，如邵阳市规模以上企业2014年以来开工率持续下降，截至5月末，全市停产、半停产85家，占全部规模以上工业企业（975家）的8.7%。

五、企业资金周转困难依旧，资金回笼慢，部分优势、新兴产业发展需要国家出台政策给予支持

一方面，企业贷款获得难。据人民银行益阳市中心支行调查，46.7%的样本企业表示流动资金较为紧张，有贷款需求的企业中仅有1.7%的企业能100%得到满足，11.7%的满足率在70%左右，3.3%的满足率在50%以下，36.7%的企业有贷款需求但没有申请到贷款。另一方面，货款回笼难，加剧企业资金紧张局面。5月末，全省受调查的149户企业应收账款同比上升3.1个百分点。人民银行邵阳市中心支行调查的企业中，有76%以上反映2014年二季度资金周转和销货款回笼速度均有所减缓，应收账款额度增大，企业资金总体紧张。

同时，部分发展前景好的行业企业反映后续资金需求大，需要国家出台政策给予支持。例如，株洲市轨道交通千亿元产业配套产业园区征地拆迁、企业增资设厂、企业技改升级、产品研发投入资金需求大，资金缺口较大。接受调查的14家配套企业未来5年在厂房等基础设施建设和设备更新改造方面的资金需求量达29亿元，计划投入生产技术改造资金约11亿元，新产品研发资金约10亿元，资金缺口较大。

执笔：盛朝辉

湖州市企业逃废债情况调查

中国人民银行杭州中心支行调查统计处

2015年初，湖州市金融机构不良贷款余额及不良率较上年末均有明显上升，改变了上年下半年以来不良率波动下降的趋势。截至1月末，湖州市金融机构不良贷款余额为409527万元，比年初增加35888万元；不良率为1.71%，比年初上升0.13个百分点。2014年下半年以来频发不止的企业逃废债案件，2013年涉及多家银行、金额较大的逃废债案件的负面效应持续发酵，都是造成2015年初不良贷款"双升"的重要原因。对此，人民银行湖州市中心支行对辖内21家金融机构进行了全面调查。

一、近年来逃废债案件特征

（一）逃废债案件呈逐年高发态势

受调查的21家金融机构[①]在2012—2014年间全部发生过逃废债案件，案件数量、案件涉及贷款金额保持高位（见表）。2012—2014年，湖州市金融机构发生的逃废债分别为42起、72起、91起，涉及贷款金额分别为2.83亿元、6.20亿

元、5.57亿元。分时间段来看，2013年是国有五大行及法人金融机构逃废债案件相对集中爆发期，2014年股份制银行新增案件则较集中；分机构来看，法人金融机构2014年逃废债案件数量、涉及贷款金额均有明显下降，国有商业银行及股份制银行2014年逃废债案件持续暴露。

（二）因逃废债形成的不良贷款占比攀升

2012—2014年，调查的金融机构由于逃废债形成的不良贷款余额分别为1.80亿元、4.86亿元、3.86亿元，占全部不良贷款余额的比例分别为7.28%、12.78%、11.73%。实际中，由于一些信贷违约案件的复杂性以及银行内部考核需要，许多逃废债案件形成的不良贷款还未完全反映出来，因此逃废债问题已成为银行风险防控的巨大绊脚石。57%的调查机构认为逃废债问题使本地信用坏境明显恶化，66.7%的调查机构认为逃废

[①] 除近一年内成立的泰隆银行、稠州银行、台州银行、兴业银行杭州分行湖州支行、德清湖商村镇银行，调查覆盖湖州辖内所有银行机构。

表 2012—2014年企业逃废债情况 （单位：万元，%）

	2012年末因逃废债形成的不良贷款余额	2012年因逃废债形成的不良贷款占比	2013年末因逃废债形成的不良贷款余额	2013年因逃废债形成的不良贷款占比	2014年末因逃废债形成的不良贷款余额	2014年因逃废债形成的不良贷款占比
全部调查机构	18024.67	7.28	48606.91	12.78	38641.5	11.73
国有五大行	10001.49	7.03	25970.91	10.34	20105.5	10.35
股份制银行	1000	4.08	3524	19.44	6990	32.69
法人金融机构	4920	6.47	17473	17.48	7616	8.02

数据来源：调查机构问卷数据。

债案件及其连锁反应使本行的不良贷款明显增加，由此造成银行放贷信心下降、非法人机构贷款审批权限上收、企业贷款抵（质）押率提高等一系列问题。

（三）逃废债企业高度集中在制造业企业

在调查的172起逃废债案件中，118起发生在制造业，占比达68.60%，31起发生在批发零售业、7起发生在农林牧渔业、3起发生在租赁和商务服务业，逃废债案件的行业集中性明显。同时，109起制造业逃废债案件中，小型企业93家，微型企业15家，占制造业逃废债企业的91.53%；2014年末，收回贷款金额为零的逃废债企业有56家，占制造业逃废债企业的47.46%。

（四）单个逃废债案件普遍牵涉多家银行

调查案件中，54起仅牵涉1家银行（还包括银行由于信息不对称不完全知情的情况），牵涉3家及以上银行的案件88起，占比达51.16%，其中浙江蓝鸽实业有限公司、浙江润炬建筑机械有限公司、浙江长兴市政工程有限公司等案件牵涉7家以上银行，且逃废债发生时这类企业及实际控制人的全部贷款余额都在5000万元以上，影响面广，处置难度大。

（五）内外因素叠加造成逃废债案件多发

根据调查，约90%的调查案件的发生原因都可以归结为内外因素的叠加：受制于宏观经济环境低迷，企业内部经营不善，牵涉担保链、民间借贷，导致资金链出现断裂；企业外部信用体系建设不完善，相关职能部门间缺少整体协调机制，助长了部分企业实施逃废债行为的气焰。调查银行机构表示，仅有极小一部分企业完全是由于经济形势下行、市场需求下降导致经营困境而产生逃废债行为，绝大多数企业逃废债都是由于跨行业投资过度、牵涉高额民间借贷、陷入担保链风波等多重因素造成的。

二、企业逃废债表现形式

（一）故意制造刑事民事交叉案件以使担保、抵（质）押无效

该类案件当事人通常负有连带保证

责任，恶意举报实际借款人骗贷、非法集资等，通过认定借贷主合同无效使担保从合同无效，达到"脱保"目的。该类案件发生数量明显增多，其负面示范效应往往由于合法、合理的公安调查及法院判决而被成倍放大，金融机构正当利益受损严重。例如，湖州华泰生物科技有限公司在某股份制银行贷款3000万元，以长兴某大酒店1~3层房产抵押，并由蔡某夫妇个人保证，后追加华泰生物名下部分土地房产抵押。该笔贷款逾期后，抵押物产权人代理人与保证人蔡某妻子吴某串通，向公安部门举报华泰生物向银行借款属于骗贷行为，同时又向金融监管部门举报、诬陷多家银行不合规经营等，并多次阻挠法院对其抵押资产的拍卖。目前案件已移交法院，预计银行贷款损失较大。

（二）设立新公司或虚构其他优先债权转移资产

杭州盛翔包装材料有限公司（以下简称盛翔公司）在某农村商业银行贷款余额为500万元，该企业在2013年将企业名称变更为"临安丽翔科技有限公司"。原先的盛翔公司与临安丽翔科技有限公司签订转让协议，包括将347万元的优质应收账款、278万元的生产设备、7项实用新型专利等转让给临安丽翔科技有限公司，优先录用盛翔公司原在职工人等内容。名称变更使原盛翔公司名下所有资产被全部转移，企业成为空壳，

导致银行债权被悬空，贷款本息无法收回。同时，近期部分企业采用虚构优先债权的方式，更快速简便地将名下资产，尤其是现金资产转移。

（三）在抵押物上设置其他"善意第三方"物权对抗抵押权

根据《物权法》规定"订立抵押合同前抵押财产已出租的，原租赁关系不受该抵押权的影响"，以及《担保法》规定"抵押人将已出租的财产抵押的，应当书面告知承租人，原租赁合同继续有效"，抵押人极易串通第三人或其实际控制的其他企业制造先于抵押权的"善意第三方"租赁权，使租赁关系有效，以达到对抗抵押权人的目的。

（四）拒不执行法院判决或卷款"跑路"的老赖行为

虽然辖内地方法院都在中心城区设立电子滚动屏幕公布拒不执行法院判决债务人名单，但是由于实际约束力不够而收效甚微。约有30%的调查案件属于该种类型，每家银行机构都被涉及。例如，浙江恒立玻璃有限公司企业主外逃，财产已被转移，多次执行无结果；湖州宝都服装有限公司为抗拒执行抵押物，不配合法院，腾空处置抵押物，同时为逃避债权，起诉在他行的联保贷款的借款人骗贷；万达工艺品有限公司法人代表拒不履行法院判决裁定，公安部门已立案调查。

大型集团企业融资结构及资金运用情况调查

中国人民银行绍兴市中心支行调查统计科

近年来，随着资本市场发展和金融改革的深化，金融脱媒态势日益明显，更多的大型优质企业倾向于通过股票、债券等低成本的直接融资方式来募集资金，境外融资、集团企业资金池操作等快速发展，传统贷款业务在融资总量中的占比逐年下降，由此对银行业务产生了较大的影响，也提出了新的挑战。为了解辖内大型集团公司融资结构、资金运作变化情况及其对银行的影响，人民银行绍兴市中心支行通过发放问卷、现场走访等方式对辖内有一定影响力的15家大型集团企业开展了有关融资情况及资金运用方面的专题调查。

一、大型集团企业近年来融资基本情况

（一）融资规模总体上升，但增势趋缓

大型集团企业大多在相应行业中占据主导地位，自身资本积累能力较强，

现金流相对充裕，鉴于复杂多变的国内外经济金融形势，企业发展多以平稳为主，扩张意愿不强，融资规模增势趋缓。以调查的15家样本企业为例，2015年上半年、2014年融资总量增幅均保持在10%左右，除2家多元化经营集团企业融资总量增长较快外，4家企业基本保持平稳，9家企业融资总量低于年初水平，占样本总量的60%，是2014年融资总量收缩企业数的1.8倍，占比提升26.7个百分点。

（二）融资渠道多元化，结构调整明显

1. 间接融资占比稳步下降。从调查情况看，大型集团企业对于各类经济金融政策了解得非常透彻，并能熟练地加以运用，除银行贷款外，通过股票市场、债券市场、拆借市场等各个领域融通资金，2015年上半年直接融资余额占融资总余额的38.4%，比2013年提升7个百分点。与此同时，间接融资特别是银行贷款的占比稳步下降，2015年上半年

和2014年、2013年间接融资占比分别为61.58%、62.36%、68.62%,其中银行贷款占全部融资的比重分别为46.1%、47.7%、54.1%,而银行其他融资方式(表外)占比却在保持稳定的基础上有微弱的提升,2015年上半年和2014年、2013年融资量占融资总量的比重分别为15.49%、14.67%和14.51%。

2. 境外融资渠道得到有效拓展。大型集团企业发挥其国际化发展优势,通过内保外贷、直接授信等方式积极筹取境外低成本资金,2015年样本企业境外银行贷款与境外公司贷款余额分别为38.7亿元和19亿元,占同期银行贷款和企业直接融资的比重分别为8.6%和5.1%。样本企业LS集团反映,其2015年5月末境外融资的比重更是达到融资总额的48.1%。

3. 融资渠道日趋多元化,银行间市场成为直接融资主战场。2015年上半年样本企业银行间市场债务融资工具发行余额占直接融资的59.85%,通过增发股票和股权激励等在资本市场募集资金15.8亿元,占直接融资的比重为4.22%,企业债和公司债余额占直接融资的比重分别为9.68%、21.21%。

4. 融资期限结构均衡合理。各企业充分考虑自身经营需要及融资成本、风险,合理搭配融资期限。以LS集团为例,2015年5月末各类融资资金期限在1年以内、1~2年、3年以上的各占30%、40%和30%。

(三)统筹安排,综合融资成本稳步下降

调查企业的融入资金大多由集团公司统一运筹安排,充分考虑融资额度、期限、成本、风险等方面的匹配功能,通过各种渠道,充分利用利率、汇率、税收等方面的优惠政策,尽可能地降低融资成本,同时又通过搭建各类平台,将境内和境外、间接和直接渠道融得的资金进行统一调配,极大地提升了资金运转的效率,综合融资成本明显下降。以LS集团为例,截至2015年5月末,该集团融资总量为91.9亿元,境内外融资各占一半,综合融资成本为3.87%,比2013年下降0.55个百分点。

二、大型集团企业资金运用情况

(一)主动归还贷款现象增多

近年来,大型集团企业主动归还贷款现象明显增多,样本企业中2015年5月末银行贷款余额比年初下降的有11家,2014年银行贷款余额比上年下降的有8家,分别占样本总量的73.33%、53.33%。2015年上半年新增融资用于归还贷款的比重为14.73%,比2014年提升6.3个百分点。主动还贷一方面是企业投资扩张缩减、资金较为充裕以及其他低成本融资渠道替代效应的显现,另一方面是为了摆脱担保链风险的波及而主动截断互保关系,如FD集团和DA集团通过调整融资结构使担保贷款占比明显下降(2015年上半年两家集团的担保贷款占其全部银行贷款的比重分别比2013年

末下降了32.25个和6.58个百分点）。

（二)新增融资以补充流动资金为主，新建项目和技改投入力度不大

近两年，样本企业新增融资总量中46.8%的资金用于补充流动资金，22.7%的资金用于归还贷款及其他债务，用于新建项目和技改投入的资金占比分别为9.35%和13.21%。2015年新增融资用于技改的只有两家企业，分别属于染料行业和新能源新材料行业的龙头企业；有两家企业有新建项目投入，主要投向环保、农业板块和新能源、新材料。

（三）房地产板块新增投入明显减少，部分资金回流集团企业

15家样本企业新增融资中有投入房地产资金的企业仅两家，投入资金占全部新增融资额的比例为7.78%，且主要是集团旗下地产公司本身的项目，其余大多数企业均表示目前房地产板块主要处于后期资金回流期，不再有新的投入。

三、大型集团企业融资结构变动及资金运用对银行业的影响

（一）金融脱媒对大企业贷款分流效应明显，银行贷款规模和稳定性受到挑战

各种融资渠道的快速发展使得大型集团企业融资有了更多的选择，相对于银行贷款而言，其他融资渠道可能成本更低、期限更长、对资金运用的限制更少，由此对银行贷款造成较大的冲击，再加上一些短融、超短融工具对短期贷款的替代效应也有所显现，大型集团企业贷款需求明显下降，以往依靠大企业、大项目撑起贷款规模的做法已经行不通了，银行机构被迫将寻求贷款客户的目光更多地转向中小微企业以及个人客户。

（二）机遇与挑战并存，倒逼银行机构业务转型和服务能力提升

金融脱媒并不意味着企业与银行之间关系的削弱，只是企业对贷款等传统业务的依赖度有所降低，但同时也为银行其他业务的发展带来新的市场机遇，银企协作向更深层次发展，企业在资本市场、并购市场等方面的资金运作，资金池、票据池等资产管理业务对银行的综合服务能力和业务创新能力提出了更高的要求。

（三)资金结构更趋复杂，风险管控难度加大

一方面，大型集团企业融资渠道多元化，涉及多个资金市场，又通过集团内部财务公司或集团财务进行综合运转后自成体系，对外投资关系也是错踪复杂的，目前的征信系统又只有银行贷款的数据，银行很难对客户的财务状况进行全面的把控，其他融资渠道的风险可能会传导至银行体系。另一方面，由于优质大客户贷款分流加速，银行对信贷资产的重新布局和对新客户的了解需要投入更多资源，特别是转向小微企业后同样的贷款量将会涉及更多的企业数。

执笔：郑骁婷

许昌市企业转型升级情况典型调查

中国人民银行许昌市中心支行

在经济结构调整和增速下行压力背景下，无论是行业总体还是企业个体都面临着严峻的挑战。面对经济运行中的诸多矛盾和问题，许昌市部分企业紧密契合企业基础，挖掘、创造比较优势，积极推动转型升级，生产经营逐渐走出低谷。对此，人民银行许昌市中心支行选取3家企业做典型调查，调查显示，企业转型基本情况如下：

（一）依托技术创新，发挥企业软实力

甲企业是一家专业从事新能源应用和智能配电设备制造的中型高新技术企业，在经济下行、市场低迷的影响下，一度试图通过规模扩张来抵御冲击，但资金始终是规模扩张过程中的瓶颈问题。银行融资成本提高、融资门槛提升以及货款回流周期拉长使得企业在资金供应和使用两方面面临紧缩压力，其规模扩张受到极大约束。

面对经营当中的困难，企业绕过资金瓶颈障碍，利用行业技术密集特点，依托高素质人才积累和技术优势，以主营产品为核心，以智力优势为轴线，拓展产品外延，提高生产附加值，提升企业竞争力。该企业从业人员中本科以上学历占比达到43.23%，硕士、高级职称及博士人员共46人，年均科研投入占销售收入的6%，形成6大类30种产品，获得专利25项，其部分技术在国内市场居先进行列，其中一家子公司重点发展的电力光纤通信接入设备产品在同类型产品市场具有3~5年的技术领先优势。近年来，该企业积极进行经营战略调整，从单一设备制造向系统集成转变，大力发展新能源和微电集成系统、智能配电集成系统，通过多样性和完备性提高产品竞争力；从电气传统承包向设计采购施工（EPC）新模式转变，不仅承包电器，更逐步实现对工程建设项目的设计、采购、施工、试运行等实行全过程或若干过程的承包，构建上下游协同合作的产能合作链条，为客户提供个性化的专业服务；从制造商向综合服务运营商转变，由单纯的制造业向生产性服务业延伸，做好后期维护服务，做到"装备销售与配套服务并推进"，促进产能合作和技术升级"双丰收"，在实现用户无忧式销售的同时提高附加值。据企业反映，运营维护毛利润约高出生产、销售23个百分点。

（二）另辟蹊径，开拓新市场

乙企业是一家主营造纸机械设备的民营企业，生产技术在国内处于中下游水平。随着造纸行业结构调整和淘汰落后产能政策的从紧实施，造纸设备制造也受到较大冲击，企业的生产经营一度陷入低谷。作为中小型民营制造企业，自主实施技术升级、产品创新受到内外多方面的限制，产品转型、产业转移也不是一蹴而就的，市场经营举步维艰，促使企业转变思维，寻找新的发展方向。借助政府搭建的产品洽谈会平台，乙企业了解到南亚、东南亚等地区近几年经济发展较快，对纸制品的需求增长较多，带动造纸机设备需求旺盛，同时这些地区的造纸设备技术水平明显落后于国内市场，乙企业所处技术层级生产的造纸机设备虽在国内市场不具竞争力，但仍领先于南亚、东南亚等地区20年左右，具备明显的技术比较优势。鉴于此，乙企业另辟蹊径，着眼于开发新兴国际市场，推动产能市场转移，寻求新的发展方向。目前其利润大部分来自于国外订单，利润空间保持在15%~20%，销售量也随之提高，2014年，其销售收入大约增长20%，国外订单总额为2000万美元，占总销售收入的1/3，其在南亚、东南亚等主要出口区域的市场份额也占到30%~40%。

（三）拓展融资渠道，弥补资金短板

丙企业是一家以生产外部纸箱包装为主的民营企业。其面临最大的问题是资金缺口较为严重：一是纸箱销售属于快消品行业，产品个性化需求繁杂，对模具制作和设计有着更多的要求和限制，无形中增加了企业的生产成本；二是账款结算周期较长，造成应收账款的增加，占压资金较大，2014年企业销售收入为4.54亿元，截至年末仍有应收账款1.44亿元。

资金缺口的增加迫使企业探索多元化融资途径，不再单纯依赖银行信贷。2014年，丙企业通过新三板上市，股权融资7000万元，2015年已着手定向增发，为企业的发展争取更多的资金支持。定向增发（股权转让）和银行贷款相比成本较低，手续简单快捷，并且实施过程较为顺利，资金到位较快，该企业通过直接融资渠道缓解了资金紧张，也降低了融资成本，为企业的进一步发展提供了保障。

执笔：徐庆炜　王晓峰　王志娟
　　　万　方

2015年河南省小麦价格运行平稳

中国人民银行郑州中心支行调查统计处

河南省是农业大省，粮食产量居全国第二位，尤其是小麦产量占全国的1/4，监测小麦生产、供求及价格变化，对判断物价走势具有重要意义，为此，人民银行郑州中心支行组织在周口、驻马店、南阳等7个小麦生产大市建立了小麦专项监测制度[1]。5月中下旬开展了小麦收获期的监测调查，涉及329户普通种植户、43户种植大户（种植50亩以上）、24家专业合作社及家庭农场、86家小麦收购及加工企业。调查结果显示：

一、河南省小麦种植面积增加，增产基本成定局

2015年，河南省小麦种植面积为8138.5万亩，比上年增加28.5万亩。调查的329户普通种植户中，小麦种植面积比上年增加、维持不变的分别占31%和63.8%。调查的67户种植大户、专业合作社及家庭农场共种植小麦6.34万亩，比上年增加0.79万亩，其中，小麦种植面积比上年增加、维持不变的分别占

37.3%和56.7%。

从全省小麦生长情况看，2015年小麦长势整体良好，后期气候条件适宜，有利于小麦灌浆，为小麦丰产奠定了基础，虽然5月7日前后，豫南部分地区出现了大风、冰雹天气，造成小麦倒伏，但对小麦整体产量的影响不大。据调查，普通种植户预计2015年小麦平均亩产达到495.5公斤，比上年增产2.7%；种植大户、专业合作社及家庭农场预计平均亩产达到505公斤，比上年增产0.6%；小麦收购、加工企业预计2015年小麦丰收的占67.4%。

二、市场小麦供需基本平衡，企业小麦库存适中

据国内市场机构预计，2014—2015

---

[1] 河南省小麦专项监测制度由人民银行郑州中心支行调查统计处制定、修订和组织实施，周口、驻马店、商丘、南阳、新乡、安阳、鹤壁7个小麦生产大市组成监测小组成员，根据小麦生产周期即播种期、收获期和购销期适时统一开展监测调查。2015年河南省小麦收获期调查问卷由人民银行新乡市中心支行负责汇总。

年我国小麦供给约为2360亿斤，需求约为2315亿斤，年度结余约45亿斤，供需较上年度有所改善。5月发布的《2015年美国农业部小麦展望报告》指出，2015—2016年全球小麦产量预计为7.189亿吨，比上年创纪录的水平减少750万吨，不过仍是历史次高纪录。整体来看，北半球小麦作物大部分生长优良，国内外市场小麦供需状况相对宽松。

调查显示，认为新麦上市前市场小麦供求基本平衡的普通种植户占56.5%，种植大户、专业合作社及家庭农场占49.3%，小麦收购、加工企业占74.4%。目前企业小麦库存适中，资金和风险是制约企业库存的主要因素。调查的86家小麦收购、加工企业中，认为新麦上市前小麦库存充裕、一般、不足的分别占27.9%、46.5%和25.6%。部分企业小麦库存不足的主要原因中，排在首位的是企业收购资金不足，占86.4%；其次是认为当前小麦价格偏高、储备风险大，占45.5%；第三是等待新麦上市收购，占31.8%。南阳市调研企业反映，5月底前小麦收购企业减少库存以备新麦收购，加工企业维持合理库存保证加工生产，在市场供需相对宽松的情况下，企业大量储备、采购小麦的意愿不强。

三、新麦上市后价格短期变化较快，预计后期仍以平稳运行为主

（一）小麦种植户和企业对小麦价格的判断分歧较大

调查显示，认为新麦上市前的小麦价格偏低、适中、偏高的普遍种植户分别占64.1%、33.5%和2.4%；种植大户、专业合作社及家庭农场分别占43.3%、50.7%和6%；小麦收购、加工企业分别占15.1%、51.2%和33.7%。农户和企业对当前小麦价格的判断存在较大分歧，后期小麦价格博弈将加剧。

（二）新麦上市后价格先短暂下降，后快速回稳

调查显示，多数被调查者认为新麦上市后价格将先降后涨，持这一观点的普通种植户占35.3%，种植大户、专业合作社及家庭农场占43.3%，小麦收购、加工企业占39.5%。三类主体认为新麦上市价格将比上市前下降10%以内的占比分别为37.7%、53.7%和43%。5月底开始，河南省新麦由南向北陆续上市，新麦上市初期由于水分较高，豫南地区开秤价在1.05~1.08元/斤，比陈麦价格低0.08~0.1元/斤。6月初托市收购政策启动后，小麦价格快速回稳，围绕托市收购价格上下波动。

（三）受多重因素影响，后期新麦价格将小幅波动企稳

多数被调查者预计新麦价格会在1~2个月的时间里稳定下来，并认为影响新麦价格上涨和下跌的因素均不少，这期间小麦价格走势变化取决于双方力量的博弈，整体波动幅度可能不会太大。

推动新麦价格上涨的主要因素：一是种子、农药、化肥、人工等生产成本提高，这是造成小麦价格上涨的最主要因素。选择这一因素的普通种植户占66.9%，种植大户、专业合作社及家庭农

场占 47.8%，小麦收购、加工企业占 50%。二是部分地区发生的气候、病虫害等灾害导致小麦产量下降。选择这一因素的普通种植户占 34.3%，种植大户、专业合作社及家庭农场占 22.4%。三是市场收购主体增多，收购竞争加剧。选择这一因素的小麦收购、加工企业占 37.2%。四是国家小麦最低收购价政策托底。2015 年白小麦、红小麦和混合小麦（三等小麦）的托市收购价均为 1.18 元/斤，与上年持平。

抑制新麦价格上涨的主要因素：一是小麦整体产量增加、国家投放储备粮等使得市场供应充足。选择这一因素的普通种植户占 51.4%，种植大户、专业合作社及家庭农场占 61.2%，小麦收购、加工企业占 54.7%。二是受经济下行影响，粮食终端市场需求不旺，再加上天气转热，面粉及其制品需求减少，小麦加工企业收购积极性不高。选择这一因素的普通种植户占 31.6%，种植大户、专业合作社及家庭农场占 38.8%，小麦收购、加工企业占 30.2%。三是玉米价格走低，对小麦的替代作用增强。2015 年以来玉米价格持续低于小麦价格 200 元/吨左右，小麦饲用需求减弱。四是部分地区受病虫害影响，新麦质量不高，可能压制新麦价格上涨。选择这一因素的普通种植户占 24.6%，种植大户、专业合作社及家庭农场占 26.9%。五是国际市场小麦价格下降，将带动国内小麦价格走低。以 5 月 27 日收盘价计算，5 月船期美国 2 号软红、硬红冬小麦到我国港口的完税价分别为 1730 元/吨和 1894 元/吨，比同等品质国产小麦港口销售价分别低 900 元/吨和 1186 元/吨。

总的来看，后期小麦价格仍将以平稳运行为主，出现大幅波动的可能性较小，在市场供应充足和需求乏力的情况下，小麦价格上行的动力不足，再加上 2015 年小麦托市收购价格没有上调，进一步压缩了小麦后市价格上涨的空间。

四、农民种粮成本高，收益较低，种粮积极性下降

调查显示，普通种植户 2015 年小麦平均生产成本达 478.9 元/亩（见表），其中，生产成本较上年小幅增长、基本不变的普通种植户分别占 48% 和 42%。种植大户、专业合作社、家庭农场的小麦平均生产成本达 815.1 元/亩，高出普通种

表　2015年河南省农户小麦生产成本　　　　　　　　　　　　　　　　（单位：元/亩）

	种子	农药	化肥	农机耕种、收割费	雇用人工费	土地流转费（全年的一半）	其他	生产成本合计
普通种植户	64.8	38.4	162.9	111.0	31.8	30.5	39.5	478.9
种植大户、专业合作社、家庭农场	77.1	43.5	163.2	115.4	132.0	262.5	21.4	815.1

植户336.2元/亩，主要是土地流转费、雇用人工费较高，这两项成本合计占总成本的48.4%。

普通种植户预计2015年种植小麦毛收入平均为1123元/亩，扣除生产成本后，净收入644元/亩，与上年基本持平。种植大户、专业合作社及家庭农场种植小麦毛收入平均为1148元/亩，扣除生产成本后，净收入333元/亩。对农户来说，种粮早已不是主要收入来源，外出打工和种植经济作物才是主要收入来源，故近年来农户种粮积极性有所下降，麦收后有些农户在田间地头就将小麦卖了，惜售心理也不强。

五、小麦收购及加工企业融资困难，融资成本较高

近六成被调查企业收购资金紧张。粮食收购及加工企业资金需求的密集性和季节性特点明显，资金问题是制约企业收购的主要因素。调查的86家小麦收购及加工企业中，认为资金比较紧张和特别紧张的分别占45.3%和12.8%，认为资金充裕的仅占8.2%。

企业收购资金过度依赖银行贷款，融资难问题突出。调查的86家小麦收购及加工企业打算在新麦上市后投入38.1亿元资金收购小麦，其中，预计银行贷款占84.8%，自有资金占12.4%，民间融资和其他途径分别占0.8%和2%。认为从银行获得收购贷款容易和困难的企业分别占16.3%和37.2%；认为从民间融资渠道获得收购资金容易和困难的企业分别占19.8%和51.2%。农业发展银行和农村信用社仍是粮食收购资金支持的主力军。

银行贷款成本虽高，但较民间融资更能被接受。96.5%的被调查企业认为民间融资成本高，能接受的仅占37.2%。相比之下，虽然46.5%的企业认为银行贷款成本高，但能接受的占43%，还有45.3%的企业认为当前银行贷款成本属于正常水平，银行贷款仍然是小麦收购及加工企业主要的融资渠道。

农户收入稳步提升　消费投资意识增强

中国人民银行兰州中心支行调查统计处
中国人民银行金昌市中心支行调查统计科

农民增收和农村消费市场启动是当前我国社会经济发展的重大现实问题。为了解农户收入、消费和投资状况，2015年1月人民银行兰州中心支行抽样选取2000户农户开展了农户问卷调查。

一、外出务工人员占比呈现上升态势，农户家庭收入稳步提升

（一）农户家庭收入稳步提升

调查显示，2014年农户家庭年人均毛收入在1000元以下的占2.23%，1000~3000元的占21.14%，3000~5000元的占29.51%，5000~7000元的占15%，7000~10000元的占16.3%，1万元以上的占15.82%。收入增幅方面，农户家庭收入较上年同期有显著提升，认为家庭收入同比"持平"或"增加"的农户占比达80.27%，其中农户家庭纯收入"增加"的占34.62%，"持平"的占45.65%。农户收入增幅较大的项目分别是农林牧渔产品销售收入、打工收入和商业经营收入。

（二）种植业收入和外出务工收入为主要经济来源

2014年，75.22%的农户家庭收入主要来源于种植业，居收入来源的首位。55.49%的农户家庭收入主要来源于外出打工收入，排在第二位。农户家庭收入的稳步提高，主要得益于国家近年来相继出台的粮食补贴、减免税收等一系列惠农支农政策以及劳务收入的增长。

（三）四成以上的劳动力外出打工，外出务工人员占比呈现上升态势

甘肃省农村劳动力资源相对丰富，近年来，随着农户学历水平和技能水平逐年提升，以及地方政府劳务输出工作力度加大，甘肃省劳务经济发展迅速，外出务工人员逐年增加，劳动力综合资源利用度逐步提升。调查农户家庭总人数为8508人，家庭人数平均为4.62人，劳动力人数平均为2.84人，2014年外出

打工人员占劳动力人数的比重为42%，比2010年上升5.8个百分点。

二、农村消费市场快速发展，农户消费意愿增强

（一）汽车、电脑等消费品是近期农村家庭购买意愿较强的消费品

目前，农村家庭日用消费品步入普及化，高档设备也不断走进农家。从调查情况看，10.87%的农户有购买电脑的打算。另外，随着农户收入的提高，农村购买汽车的人群在扩大，拥有汽车的农户占比已达16.52%，还有12.28%的农户近期打算购买汽车。

（二）56.57%的农村家庭涉及进城购房问题，其中14.02%的农村家庭已经购买城镇住房

样本农户中为子女或本人进城购房情况是：56.57%的农村居民涉及进城购房问题，比2010年上升14.77个百分点；其中，14.02%的家庭已经购买城镇住房，16.25%的家庭近期正准备买房，26.3%的家庭未来几年肯定要买，有28.59%的家庭确定不需要购买，14.84%的家庭不确定。

（三）储蓄、闲置、投资入股、出借他人是农村居民处理闲余资金的主要方式，投资意识增强

调查显示，样本农户处理闲余资金的最主流方式依次为存在银行、闲置在家、投资入股、出借他人，在样本农户中，这四种方式所占比例分别为87.39%、34.35%、26.25%和25.65%。用于购买理财的较少，有15.6%的农户选择购买保险，5.98%的农户选择购买理财产品，还有3.1%的农户选择其他用途。受观念、信息和基础条件等众多因素的限制，农村家庭理财方式仍较为传统和保守，但是投资意识有所增强，购买保险和理财产品的农户合计超过两成。

三、有限的可支配收入和社会保障体系的不完善制约农村居民实际消费能力

调查显示，54.46%的农户认为增加收入是促进消费的有效措施，24.78%的农户认为提供良好的医疗、养老保险服务是促进消费的有效手段，认为通过提高消费贷款和消费补贴可以有效促进消费的农户占比分别为12.77%、7.34%。虽然近年来，甘肃省农村居民的收入稳步提升，但与全国平均水平相比较，甘肃省的农村居民收入仍偏低，加上目前我国社会保障体系仍不健全，畸形的收支结构进一步挤占了农户剩余消费能力。

执笔：孔　晴　鲁艳艳

煤炭行业需求不振，市场延续低迷态势

——2015年一季度新疆煤炭行业监测分析

中国人民银行乌鲁木齐中心支行调查统计处

为更好地反映煤炭行业价格走势和行业景气度，人民银行乌鲁木齐中心支行依托5000户企业调查系统，自2014年二季度开始，对新疆煤炭行业进行定期监测分析，结果显示：

一、国内煤炭行业供大于求格局难改变

2014年以来，国家相继出台控制煤炭产量、加快淘汰落后产能及减少煤炭消费等一系列政策措施，煤炭产销量有所下降。进入2015年，在经济发展增速放缓和加大节能减排治理力度背景下，煤炭消费需求下降，煤炭行业继续维持供大于求的局面，市场价格持续下行，企业营运困难较大。

（一）煤炭产量、销量同比"双降"

根据中国煤炭工业协会发布的数据，2015年一季度全国煤炭产量为8.5亿吨，同比下降3.5%；煤炭销量为8亿吨，同比下降4.7%。煤炭产量下降源于为了帮助煤炭行业脱困，国家控制煤炭市场供应总量的政策效应显现；煤炭销量下降源于受宏观经济增速放缓和国家能源结构调整影响，煤炭市场需求减少。

（二）煤炭进口量明显减少

海关总署公布的数据显示，2015年一季度全国进口煤炭4907万吨，同比减少进口3474万吨，下降41.5%。上年末以来，我国煤炭进口量较以往同期水平有较大幅度的减少，这是因为：一是《商品煤质量管理暂行办法》正式实施，从数量上限制了劣质煤的进口；二是国家调整部分煤种进口关税，进口煤成本增加，国内煤价持续下跌，进口煤与国内煤价差持续收窄，进口煤逐渐失去价格优势；三是在市场普遍看空后市煤价、火电煤耗需求减弱、电厂库存保持高位等因素的综合作用下，国内煤电厂和贸易商采购进口煤的意愿下降。

（三）煤炭库存偏高

中国煤炭工业协会发布的数据显示，2015年3月末，全国煤炭企业存煤约9000万吨，比年初增长4%；主要电厂存煤6281万吨，同比下降9.6%；主要发运港口存煤4955万吨，同比增长20.9%。全社会存煤已持续39个月维持在3亿吨以上。从2014年12月开始，主要电力企业不断压缩库存，存煤量不断下降，但是受煤炭市场持续低迷、下游需求不旺的影响，加之水电、核电、特高压等清洁能源对火电的冲击继续加剧，全社会煤炭库存依然高位运行。

（四）煤炭价格持续下行

2015年以来，国内煤炭价格持续下跌。2015年一季度，中国太原煤炭交易综合价格指数①、环渤海动力煤价格指数②和中国煤炭价格指数③均已降至三大指数发布以来的最低点。截至4月29日，环渤海动力煤价格指数降至420元/吨，已连续18周下降，比2014年12月的最高值下降了106元/吨。中国煤炭价格指数也连续下跌，至4月17日，中国煤炭价格指数下跌至133.4，比年初下降4.4个点，同比下降17.6个点。

（五）行业效益大幅下滑

由于煤炭市场消费需求不足、库存积压，煤炭销售愈加困难，价格下行压力加大，行业效益日渐下滑。自2012年开始，煤炭行业经济效益就呈现持续下滑态势，2012年、2013年、2014年煤炭企业利润分别下降15.6%、33.7%和46.2%，降幅不断扩大。据中国煤炭工业协会数据，2015年一季度煤炭行业利润

同比下降61.9%，煤炭亏损面达80%以上，全国煤炭国有和国有控股企业整体亏损，煤炭企业经营困难加剧。

二、新疆煤炭行业发展情况

（一）经济增速放缓，煤炭行业受挫

2015年一季度，新疆经济增速放缓，比2014年同期回落3.3个百分点，增速低于全国平均水平0.1个百分点。经济增速放缓导致能源需求减弱，煤炭、石油等主要能源行业发展受挫。统计部门数据显示，一季度，新疆煤炭价格下降4.7%，原煤产量下降1%，煤炭产值下降3.8%。

（二）国内煤价下跌，波及新疆市场

在全国煤炭需求不足、产能过剩的影响下，煤炭企业销售愈加困难，煤炭价格下行。新疆作为国家重要煤炭基地，受全国煤炭市场形势影响，市场需求不旺，企业生产积极性降低，煤炭价格呈现下行趋势。

---

① 中国太原煤炭交易综合价格指数反映以山西为代表的煤炭生产区煤炭价格水平和变化情况，帮助煤炭供需企业及时了解煤炭价格变化趋势，引导供需企业合理定价、公平交易，提高我国煤炭贸易影响力和话语权。该指数由中国（太原）煤炭交易中心每周一发布。

② 环渤海动力煤价格指数用于反映环渤海港口动力煤的离岸平仓价格水平以及波动情况，素有"煤炭价格风向标"之称。该指数由秦皇岛海运煤炭交易市场每周三发布。

③ 中国煤炭价格指数用于描述全国以及各地区、各品种煤炭市场价格变化的走势和平均变化幅度，短期内反映煤炭市场环境的即时变化，中长期反映煤炭供求关系与煤炭成本变化等深层次复杂因素的综合影响。该指数由中国煤炭运销协会/中国煤炭工业协会每周一发布。

（三）行业效益下降，煤企亏损增加

面对需求不旺、价格低迷的市场，煤炭企业陷入经营困境。从库存情况看，四成企业表示当前企业库存水平居高不下，缺乏有效途径大幅度增加销量，只能降低价格进行促销，但依然难以改变库存高企的局面。从企业盈利情况来看，新疆煤炭监测企业亏损较严重，一季度，60%的企业表示盈利情况趋于恶化，出现亏损扩大的情况。

（四）煤企融资困难，面临严峻挑战

煤炭市场价格持续下降，导致煤炭行业效益大幅下滑，高库存和较低的现金流入导致企业流动资金紧张矛盾凸显。短期内，煤炭行业成为高风险行业，银行收紧了对煤炭行业的信贷投放，甚至提前催收煤炭企业贷款，煤炭企业在生产经营陷入困境之时遭遇融资难，对其安全生产和矿区的稳定生产形成了较大挑战。

三、2015年行业形势预测及新疆煤炭行业发展思路

综观国际、国内经济环境，我们预计2015年，煤炭市场需求难有较大改观，将继续保持供大于求、煤炭价格低位运行的态势，行业发展前景不容乐观。国际方面，主要煤炭出口大国制订下调煤炭产量计划，其中印度尼西亚2015年出口目标由4.59亿吨下调至4.25亿吨，美国煤炭产量计划减少2000万吨，澳大利亚煤炭企业嘉能可—斯特拉塔集团计划减产约6%，预计其他国际煤炭企业也将跟进减产。在此形势下，国际煤炭市场供应过剩压力或将有所改善，价格也有望触底企稳。但短期内，国际煤炭供大于求的局面难以改观，价格仍将低位波动。国内方面，在产业结构调整、生产增速持续放缓的情况下，经济增长对煤炭需求的拉动力度依然偏弱，加之非化石能源的快速发展，将进一步限制煤炭消费增长。

鉴于未来一段时间煤炭行业发展情况依然紧张严峻，新疆煤炭产业应结合地区实际发展。第一，严格控制新建项目。现在新疆已经有3亿吨的煤炭产能，2014年煤炭产量达到1.43亿吨，还有1000多万吨的库存。从行业形势来看，最近几年煤炭消费量不会有大的增长，在建项目规模已经饱和，除自治区党委、政府上重大工程项目需要配套外，不宜再建新项目。第二，大力淘汰落后产能。根据国家设定的百万吨死亡率为0.15%的标准，淘汰存在安全生产隐患和不符合国家规定的小型煤矿。第三，进行小煤矿规模扩建。减少由于直接关闭煤矿而产生的资金补偿，走扩建之路，扶持条件较好的小型煤矿发展壮大。

执笔：温　波

船舶行业持续低迷，企业呈现两极分化

——对象山县船舶业的调查

中国人民银行宁波市中心支行统计研究处

一、基本情况

受国际金融危机影响，国际船运行业低迷、造船行业产能过剩问题凸显，象山县船舶行业由繁荣期转入调整期。2009—2014年，象山县船舶工业产值有所下滑（见表），增速放缓趋势明显，手持订单量下降近50%，新承接订单量增长不稳定。同时，订单价格持续下降，

劳动力成本逐年上升，进一步收窄企业盈利空间，加重企业运营负担。截至2015年4月，全县规模以上船舶企业有10家，一季度工业产值平稳增长，同比增长61.75%，较年初提高33.15个百分点；手持订单量稳中趋减，同比下降2.87%，较年初回落13.76个百分点；新承接订单量下降明显，同比下降47.48%，较年初回落58.78个百分点。

表　2009年至2015年4月象山县规模以上船舶企业相关数据指标

	完工量（万载重吨）	新承接订单量（万载重吨）	手持订单量（万载重吨）	产值（亿元）	产值增速（%）
2009年	58.44	37.07	78.10	30.08	2.10
2010年	45.38	53.10	85.20	29.60	−1.60
2011年	54.45	29.89	67.26	30.80	4.00
2012年	36.23	19.29	47.28	19.70	−35.77
2013年	27.82	24.05	34.98	19.08	−4.43
2014年	22.98	26.79	38.79	24.55	28.60
2015年4月	2.78	3.44	39.50	5.37	61.75

数据来源：象山县船舶业协会。

二、需要关注的问题

（一）低端产能严重过剩，高端船舶供不应求

象山船舶制造业结构性矛盾突出，并呈现两极分化趋势。一方面，象山船企整体缺乏高端制造技术，主要出产渔船、散货船等低端产品，年均产能已超过200万载重吨，而近三年全县规模以上企业手持订单量每年不超过50万载重吨，低端产能严重过剩。另一方面，浙江新乐造船有限公司作为辖内唯一一家主营LNG船、不锈钢内胆化学品船等高技术、高附加值船舶的企业，其船舶产品受到市场热捧，呈现供不应求态势。该公司目前手持订单15艘，预计下半年达到30艘，订单量排满至2018年。

（二）企业盈利能力较弱，"用工荒"问题加剧

造船业是劳动密集型行业，近几年劳动力成本上涨，以5%~10%的速度逐年递增，而船舶价格持续低位运行，给企业的盈利能力带来巨大挑战。如宁波振鹤船业有限公司反映，该公司2013年建造一艘工程辅助多用途船的订单价格为190万美元，如今已跌至150万美元，利润空间大幅缩小。同时，订单量不足引发技术人员、普通工人大量流失。如宁波博大船业有限公司反映，由于订单量下降，开工率无法提高，企业流失造船技术专家2名以及在编工人200名，接近总人数的1/3。

（三）银行收缩信贷规模，保函制约船舶出口

辖内金融机构出于风险把控考虑，在信贷政策上对船舶企业进行限制，部分银行下调授信额度20%，并存在抽贷现象，加大企业融资难度。同时，银行保函难开立及额度不足问题制约船舶出口。如浙江神州船业有限公司反映，该公司只能通过小银行开具保函，但外商偏好国有大型银行保函，致使订单流失。又如浙江新乐造船有限公司反映，该公司获得中国银行保函授信额度6.8亿元，目前已全部开立，而保函资金缺口仍有1.5亿元，无法满足新承接订单需求。

（四）预收比例大幅下调，弃单、延期付款现象显现

随着船舶市场转入买方市场，船东逐渐占据主导地位，在交易中表现强势。象山船企普遍反映，船东大幅下调预收比例，仅在合同生效时支付20%的货款，剩余80%直至交船才结清，企业不得不垫资生产，资金量迅速减少，加重了运营负担。此外，波罗的海指数持续下跌并于2015年2月创下近30年新低，部分外商经济实力下滑，出现弃单、延期付款行为。

山西小额贷款公司经营特点及原因分析

中国人民银行太原中心支行调查统计处

山西小额贷款公司从2005年试点以来，给民间融资带来了新活力，有效支持了"三农"、中小微企业发展，但目前受国内经济增速放缓等多重因素制约，小额贷款公司各项经营指标持续下行，经营风险日益凸显。

一、山西省小额贷款公司基本情况

截至2015年一季度末，山西省小额贷款公司有338家，全国排名第10位；注册资本金为213.21亿元，贷款余额为208.73亿元，在全国均排名第17位。为确保调查数据的连续性和可比性，本次调查主要选取辖区2011年12月31日前成立的248家小额贷款公司作为样本。调查显示，山西小额贷款公司自成立至今，经营发展呈现了由快速发展到急速下滑的"反V"格局，2012年为小额贷款公司发展的分水岭。2012年之前，数量、规模快速扩大；2013年以后，受国内经济增速放缓及内外部多重因素的制约，小额贷款公司各项经营指标不同程度下

降，特别是进入2014年以来，小额贷款公司贷款规模萎缩，经营利润下滑，不良贷款比例攀升，经营风险显现，发展陷入困境。

二、山西小额贷款公司经营特点及存在的问题

（一）盈利能力减弱，经营预期不乐观

调查显示，2014年末，超过78.3%的样本小额贷款公司出现利润下降，其中，53家出现亏损。样本小额贷款公司利息收入为10.7亿元，较2013年末减少0.54亿元，降为4.82%；净利润为2.79亿元，较2013年末减少0.81亿元，同比下降22.5%；净资产收益率为1.68%，较2013年下降0.55个百分点。2015年以来，样本小额贷款公司经营状况继续恶化，截至一季度末，3个地市样本小额贷款公司利润为负，出现亏损的小额贷款公司增至86家，亏损面达35.2%。按照一季度样本小额贷款公司利润平均进度

预测，2015年全年可实现利润1.4亿元，不足2014年度的1/2。

（二）贷款增速大幅回落，业务收缩明显

2014年末，样本小额贷款公司贷款余额为150.7亿元，较2013年末仅增加2.4亿元，增速同比下降为2013年的1/10。当年累放贷款268.03亿元，分别较2013年、2012年少放36亿元和78亿元。调查发现，2014年超过六成的样本小额贷款公司贷款笔数不足50笔，一些地市样本小额贷款公司出现业务大面积萎缩，甚至出现机构撤销。例如，朔州市70.5%的样本小额贷款公司在2014年未放款；截至2015年一季度末，样本机构数已从2011年的48家减少至40家。

（三）不良贷款比重呈上升趋势，经营风险积聚

2014年末，样本小额贷款公司不良率为6.02%，分别较2013年、2012年同期上升2.37个和2.87个百分点。其中，吕梁、朔州、阳泉三地市表现突出，不良率分别达25.5%、15.8%和14.6%。调查显示，样本小额贷款公司2014年末损失类贷款余额为1.85亿元，约占全部税后利润的50%。2015年以来，不良贷款继续攀升，至一季度末，六地市小额贷款公司不良率均呈上升趋势，最高达29.5%；不良贷款余额达11.03亿元，较2014年末增加1.96亿元；不良率为7.49%，较2014年末上升1.47个百分点。

（四）大额贷款占比高，最大客户集中度高

调查显示，2014年末，样本小额贷

款公司50万元以上贷款占比达89.7%，10万元以下贷款仅占2%；样本小额贷款公司中有40家最大单户贷款余额超过其资本净额5%，其中最大单户贷款余额达到5492万元，最大客户集中度高达72.3%。调查发现，样本小额贷款公司百万元及以上的利润空间主要依赖企业周转贷款，如过桥贷款，但过桥贷款业务不稳定且不可持续，风险敞口较高。

三、原因分析

（一）地区经济下行，企业还款能力减弱

在外部需求不足和自身结构性矛盾的双重压力下，2013年以来，山西省经济下行压力加大的严峻形势愈加明显，企业经营状况普遍下降，还款能力减弱。山西省统计局数据显示，2014年全省生产总值为12759.4亿元，同比增长4.9%；规模以上工业企业实现利税73.4亿元，同比下降32.6%，实现利润210.6亿元，同比下降61.4%。问卷调查显示，73.3%的样本小额贷款公司受经济下行影响，盈利水平下降。2014年末，样本小额贷款公司当期展期（含续期）贷款34.17亿元，分别较2013年、2012年增加2.5亿元、9.97亿元，分别增长7.89%、41.2%。利息回收率低，248家样本小额贷款公司利息收回率在90%以上的不足百家，最低的仅为3.33%。

（二）资金运用占比高，后续资金难以为继，资金周转速度减慢

问卷显示，42.5%的样本小额贷款公

司表示"后续资金匮乏，融资成本高"是制约其发展的最主要因素。截至2014年末，样本小额贷款公司资金运用占资金来源的比重达90.65%。2009年以来，样本小额贷款公司从银行融入资金11.1亿元，仅占样本小额贷款公司资金来源构成的6.68%。64.2%的小额贷款公司对发展前景"不乐观"，增资扩股意愿不强，部分地市甚至出现减资现象。例如，2015年3月末，长治市20家样本小额贷款公司注册资本为20.71亿元，较2014年末减少1.95亿元，下降8.61%。在不良贷款增加的情况下，经营资金沉淀现象与日俱增，导致资金周转速度减慢。调查显示，2014年，样本小额贷款公司贷款周转次数为1.48次，分别较2013年、2012年减少0.07次、0.14次；贷款周转天数为243天，分别较2013年、2012年增加11天、22天。

（三）税负偏重，风险拨备成本高，不良贷款处置困难

小额贷款公司不属于金融机构，在支持"三农"和小微企业的同时，不能享受金融机构按利差征税的财政政策，也不能享受国家税收减免补贴。目前山西省小额贷款公司普遍被按照一般工商企业对待，除去全额缴纳5.55%的营业税及附加外，还须缴纳25%的所得税及部分印花税，较重的税负降低了小额贷款公司以利润弥补风险的能力，特别是一些地市税务部门要求小额贷款公司计提的风险准备金按照25%的税率缴纳所得税，使其风险拨备成本较高，降低了小额贷款公司计提拨备的主动性和积极

性，不良贷款处置困难。

（四）信用信息不对称，风控难度大

小额贷款公司纳入中央银行征信系统推进缓慢，调查显示，截至2014年末，样本小额贷款公司尚未有一家接入征信系统，小额贷款公司无法查询借款人信用状况，对借款人信用状况只能深入现场调查或间接取证，既延长了审贷时间，又难以鉴别信用报告的真实性，增加了风险控制难度，也相对增加了其风险控制成本。

（五）内控机制不健全，风险管控能力不足

43.7%的样本小额贷款公司表示"缺乏有效的风险防控机制"是小额贷款公司在风险防范中的主要困难。一是制度建设仍然滞后。近年来，小额贷款公司偏重于业务拓展，制度建设相对滞后，业务操作流程设计粗糙，90%的样本小额贷款公司只是在形式上套用银行操作模式和内部管理制度。二是从业人员金融行业经历缺乏，风险管理专业人才欠缺。调查显示，"有银行工作经验"的从业人员占比仅为12.3%。三是内部风险识别和防控手段缺失。93.5%的样本小额贷款公司信贷业务部同时履行风险控制职能，权力制衡机制得不到落实，不能有效规避人员操作风险。同时，对借款人的风险评估缺乏科学依据，主要依靠人缘、地缘、经验等关系来衡量，主观随意性较大，内部控制薄弱。四是抵押担保有效性不足。小额贷款公司开发的贷款品种及业务相对有限，贷款的发放方式仍以质押、抵押、保证等非信用放款

方式为主,占比高于信用放款47.57个百分点。但调查发现,小额贷款公司非信用放款中接受的是银行不认可的担保、抵押物,存在担保品缺失或不能足额、第三方担保或互保多等问题,使小额贷款公司在承担客户自身违约风险的情况下,还面临因互保联保产生的区域性贷款违约风险。同时,其借款人多为次优客户,在信用贷款出现违约的情况下,仅仅依靠借款人的契约性承诺无法抵销债务,信用风险更为突出。

(六)缺少有效的监管指导

目前,各地市金融办作为小额贷款公司的日常监管主体,多数人员并不具备对从事信贷业务该类企业监管的经验和技术。以阳泉为例,市金融办六人中,无一人有银行工作经验,日常更多地是关注小额贷款公司审批手续是否合规,对小额贷款公司在经营过程中遇到的各类风险如何及时识别和进行提前预警、公司治理和内部控制等方面则很少涉及。人民银行当地分支行和银监分局按照法律规定,主要负责对小额贷款公司的业务跟踪、数据监测统计等,难以对小额贷款公司是否正常经营进行有效监管。

四、政策建议

(一)适当放开筹资限制,多措并举拓宽资金来源渠道

一是适当放宽增资扩股条件,允许小额贷款公司开业经营半年以上即可增资扩股,可根据增资扩股比例(幅度)实行分级审批制。适当放宽小额贷款公司向银行融资杠杆比例,对小额贷款公司融资比例实行差异化政策。二是建议给予符合条件的小额贷款公司同业拆借、再贷款资格,缓解其后续资金补充难题,降低小额贷款公司融资成本。三是由省级金融管理部门协调当地银行业协会和小额贷款公司行业协会,共同发起设立小额信贷批发基金,接受来自银行业金融机构的委托贷款和批发性贷款,然后再转贷给有资金需求的小额贷款公司,扩大可贷资金规模。四是鼓励小额贷款公司通过合法的资产交易中介平台向机构投资者进行小额信贷资产转让,提高资产证券化程度,盘活存量资产。

(二)给予统一的财税扶持优惠政策

建议国家明确细化小额贷款公司的税收减免政策及其他优惠政策,如对涉农贷款、小微企业贷款给予专项补贴和风险补助;信贷利率让利较大的,在上述基础上进一步享受利息贴补,降低主要税种税率,按照银行业标准免收风险准备金相关税等等。对于扶持的力度,可参照农村金融机构。同时,地方政府也应出台相应的退税、奖励措施,降低或减免有关费用,通过政策扶持,改善小额贷款公司的经营环境,提高其经营实力。

(三)加快推进小额贷款公司接入中国人民银行征信系统

建议人民银行总行及省会中心支行加强与运营商的沟通协调,对小额贷款公司接入征信系统给予适当的费率减免。可探索以行业协会等打包方式组团

接入，分摊费用，实现小额贷款公司拿一块、人民银行减一块、政府支持一块。同时，建议审批部门将小额贷款公司接入征信系统作为小额贷款公司营业的必备条件，切实使征信系统成为小额贷款公司有效识别客户信用状况、防控风险的第一关。

（四）进一步改进监管方式，提高监管效能

一是实施任职资格准入。建议省级监管部门制定小额贷款公司股东和高管人员资质标准，可参考《银行业金融机构董事（理事）和高级管理人员任职资格管理办法》，出台相关办法，统一考试。二是加强小额贷款公司风险管理。建议地方政府的金融办或者监管部门将工作重心由门槛准入向业务风险防范转变，集中精力和人力，加强小额贷款公司业务运营监管，不断提高监管能力。人民银行分支机构要加强对小额贷款公司贷款资金投向、利率管理等方面的监测分析，并通过多种形式及时发布监管信息、风险预警提示等，增强小额贷款公司风险防控意识和能力。三是联合开展现场检查。由地方政府监管部门牵头，联合人民银行以及银监、工商等部门，定期、不定期地对小额贷款公司内控制度执行、外部融资、信贷投向、关联交易等进行检查，规范业务发展。建立小额贷款公司年度考核评价机制，对评为优秀的可进行奖励，如给予创新业务开展试点资格等。同时，应将提升小额贷款公司员工素质作为一项常态性工作，通过定期开展业务培训、警示教育、参观考察、专业资格考试等，多手段提高小额贷款公司从业人员素质。

（五）加强自身建设，强化信贷风险管理机制

一是健全完善内部机构，设计清晰的信贷流程，设立业务部、风控部和贷审会或董事会，审贷分离，建立相互制约的授权体系，防控风险。二是完善风险管理机制，建立风险补偿金计提制度，并提高风险拨备水平，有效应对和积极化解可能出现的风险。三是加强从业人员的培训教育，增强风险评估能力，提高市场拓展意识。四是针对无法提供或有效担保措施不足的客户，深化与专业合作社、担保公司、保险公司以及市（县、区）小额贷款担保中心的合作，提高化解信贷风险的能力。

关于小微企业融资情况的调查报告

中国人民银行郑州中心支行调查统计处

为了解当前小微企业的资金状况、融资结构和成本情况及存在的问题，人民银行郑州中心支行调查统计处组织对经济部门、金融机构、小微企业开展了专项调查。在调查形式上，以问卷调查为主，并辅以座谈会等方式。在所调查的60家样本企业中，工业、非工业企业分别占61.2%和38.8%，小型、微型企业分别占86.6%和13.4%。

一、政策落实到位，效果初步显现

（一）小微企业贷款快速增长

2013年以来，人民银行郑州中心支行先后出台了差别存款准备金、信贷政策支持再贷款等多项支持小微企业信贷投放的政策措施，并协同有关部门制定了《河南省小微企业信贷风险补偿资金管理办法（试行）》。随着上述政策的贯彻落实，金融支持小微企业发展的效果初步显现。4月末，河南省小微企业贷款余额为5752.4亿元，比年初增加354.3亿元，同比多增73.4亿元；同比增长26.9%，比上年同期高4.4个百分点，高于各项贷款增速8.9个百分点。

（二）贷款利率下行趋势明显

河南省存贷款综合抽样统计显示，2014年9月以来，小微企业新发放贷款利率逐步下行，至2015年初降至8%以下，2月短暂反弹，一季度末进一步降至7.19%。调查中，仅有6.5%的受访企业认为贷款利率上升。不同类型银行的贷款综合成本费用率差异明显，据许昌市调查企业反映，目前国有商业银行贷款综合成本费用率最低，约为8.5%；其次为地方性法人机构，约为10%；股份制商业银行最高，约为11%。

（三）贷款审批效率有所提高

据中信银行郑州分行反映，该行将小微金融作为经营的重点，建立流水式作业的审批中心，加强市场规划，降低企业进入门槛，重点支持涉及消费和民生领域的服务型小微企业，培育了小微企业基础客户群。据河南省农信社反映，2014年以来，该社将支小贷款从受理到审批集中到县级行社本部统一管理,提升了投放效率。目前,全省142家县级行社均设立了公司业务部,专门从事小微企业金融服务工作。

(四)部分金融机构开办还款续贷业务

部分小微企业贷款到期后资金周转较困难,一旦银行收贷,企业就会陷入停产、无法正常经营和还贷的僵局。针对即将到期的小微企业贷款,中信银行制定了《中信银行小企业还款续贷业务管理办法》,明确符合授信审批要求的小微企业,其贷款到期时可以自动续贷,这样既减轻了小微企业先还后贷的财务负担,又保证了信贷资产的质量。

二、当前小微企业融资需求的特点

(一)多数小微企业的资金需求以短期资金为主,尤其是流动资金需求较大

从企业融资需求类型看,63.2%的受访企业表示需求资金类型为短期流动资金,36.8%的企业表示需求资金类型为中长期流动资金;从资金用途看,贷款资金用于流动资金周转、购买原材料及固定资产投资的受访企业占企业总数的比重分别为46.3%、39.8%和11.1%。当前小微企业流动资金需求较大的主要原因:一是部分企业贷款资金减少。调查中,25.6%的受访企业表示银行因风险加大而收紧信贷规模是导致企业资金紧张的首要原因。二是应收账款余额增加,还款周期较长。

(二)融资渠道单一,对银行信贷的依赖度较高

问卷数据显示,银行贷款、亲朋借款及其他企业借款是小微企业获取外部资金的重要渠道,占比依次为58.5%、18.9%和10.4%。以许昌市为例,该市民营经济发达,但融资渠道狭窄,信贷杠杆率居高不下。2008年国际金融危机后,市场流动性较为宽松,银行资金充裕,小微企业获取贷款相对容易,同时经济处于上升期,企业投资意愿较为强烈。为保障项目资金需求,民营企业大多"短贷长用"。但2014年以后,企业资金流转速度明显减缓,资金需求量增大,又因大部分小微企业经营管理者缺乏专业金融知识,资产规模较小,难以通过资本市场获取直接融资,对信贷资金的需求进一步增强。

(三)在资金的可得性和融资成本方面,多数企业更关心资金的可得性

座谈中,多数小微企业反映贷款成本不是主要问题,利率价格弹性不高,资金的可得性是它们面临的迫切难题。许昌市辖区坪山集团、阳光电缆等企业反映,在连续降息、降准后,贷款利率有所降低,融资贵问题有所缓解,但是获取资金的难度依然较高,资金紧张仍然是困扰小微企业持续生产经营的主要问题。

三、小微企业融资过程中存在的主要问题

(一)企业融资难问题依然严重

受担保圈风险频发等因素影响,金融机构对传统的企业互保联保贷款模式较为谨慎,要求贷款申请必须提供合格

的抵押品，而企业由于缺乏可供抵押的土地、房产等固定资产难以获得贷款。同时，近年来非法集资风险案件较多，民间借贷也更加谨慎，加之小微企业自身抗风险能力低，资金问题成为困扰其生产经营的主要难题。问卷调查显示，反映贷款"困难"的受访企业占比为38.8%，反映"容易"的占比为4.5%，其他为"一般"或"无需求"；在问及贷款困难的主要原因时，49.5%的企业选择抵押担保不足，21.6%的选择企业规模较小、抗风险能力差，7.2%的选择经营状况不佳。

（二）部分金融产品难以满足企业的实际需求

以保理业务为例，该业务要求买方必须盖章确认后才能办理，但很多大型企业客户盖章确认难、时间长，使得企业难以办理此类业务。此外，企业发出货物、取得发票后才能办理保理业务，而企业实际资金需求时间发生在取得订单、购买原材料阶段，资金供给与需求之间存在时滞。

（三）贷款利率以外的费用高

多数受访企业表示，虽然贷款利率降低，但利息外费用仍然较高，其主要原因：一是在发放贷款时，银行往往要求企业办理银行承兑汇票，尤其是股份制商业银行。据受访企业反映，在办理1年期流资贷款时，银行要求企业至少做两轮承兑业务，一轮承兑业务增加约2.9%的成本。二是担保费用较高。企业在办理担保贷款时，需要向担保公司支付10%~15%的贷款本金作为保证金，担保费率在3%左右。三是中介机构附带收费较多。根据相关规定，借贷双方协商一致即可登记办理抵押贷款，不需要中介机构评估，但实际办理时，需要缴纳评估、抵押费用，其中评估费率为2‰，抵押交易服务费率为2‰。

（四）未来小微企业信贷风险防控压力加大

一是当前新增的不良贷款多与民间融资有关，民间融资风险逐步向银行体系传导。打击非法集资，规范融资性担保等民间融资后，企业通过民间资金周转衔接银行贷款的模式难以为继，中小企业还贷意愿下降，部分企业甚至逃废银行债务，银企互信基础在一定程度上被破坏，不良贷款逐步增加。二是受担保圈影响，部分正常生产经营的小微企业因替互保联保企业代偿资金而使自身财务状况恶化。以世纪通讯为例，2014年为宏伟实业代偿2300万元后，该企业流动资金骤然收紧。三是未来部分小微企业经营可能会陷入困局。一季度，53.7%的样本企业反映其库存增加。此外，受互联网电商冲击，服装等行业的小微企业实体店普遍亏损，转型压力较大，生产经营困难。

执笔：崔晓芙 崔 凯 赵庆光
孟蓼筠

小额贷款公司盈利能力下降

中国人民银行沈阳分行调查统计处

一、辽宁省小额贷款公司发展现状

（一）小额贷款公司盈利能力下降

2015年3月末，辽宁省小额贷款公司（简称小贷公司）净利润为2.46亿元，同比下降29.6%。其中，营业收入同比下降10.1%，而营业支出同比上浮10.9%，营业支出占到营业收入的54.9%，经营成本居高不下，利润空间持续被压缩。

小贷公司盈利能力下降的主要原因有：一是受经济下行影响，煤炭、钢铁和房地产等行业不景气，上下游企业均受到影响，有效贷款需求减少。二是小贷公司利差缩小。小贷公司融资成本高，融资渠道不畅，"只贷不存"的低杠杆运营模式使小贷公司的资金流动性差，平均资金成本高，同时受借贷需求下降影响，贷款利率下浮。三是经营成本居高不下。小贷公司不属于金融机构，只能按照一般工商企业经营纳税，包括25%的企业所得税、5.5%的营业税

及附加，并不享受任何税收优惠政策，相比农信社、村镇银行等金融机构税负较重。四是业务单一。小贷公司的主要收入来源于贷款业务，票据、资产转让、委托贷款等风险低的中间业务不能开展，单一的盈利模式受市场影响较大。

（二）多因素导致小贷公司新增贷款规模下降

2015年3月末，辽宁省小贷公司累计发放贷款金额101.3亿元，同比下降17.5%；累计收回贷款金融102.5亿元，同比下降17.1%。小贷公司新增贷款规模下降的主要原因有：一是有效需求不足。小贷公司的主要业务之一是为有订单的上游企业提供应收账款质押等抵押授信，受2015年宏观经济形势影响，小企业产品需求下滑，业务订单明显减少，中小企业贷款发放较少。二是受互联网金融创新影响。以P2P平台为代表的互联网投融资加剧了小贷公司的行业竞争，导致潜在客户资源的分流。三是出于风控考虑，小贷公司主动压缩贷款规模，降低违约风险，资金只贷给信誉

好、还款能力强的老客户。

（三）贷款展期情况增加，不良贷款开始显现

从2014年开始，小额贷款公司经营风险开始显现，贷款展期、续期情况普遍出现。以沈阳为例，调查的10家小贷公司中仅有2家没有不良贷款和展期、续期贷款，其余8家均有大量展期和续期贷款，部分小贷公司的展期贷款甚至超过了贷款总量的50%。展期贷款规模增加的主要原因是部分客户到期无法还贷，通过贷款展期来掩盖不良贷款。2015年3月末，小贷公司超短期（小于等于3个月）贷款89.8亿元，同比下降2.2%，而3~6个月贷款同比上升8.0%，6~12个月贷款同比上升21.5%，1年以上贷款同比上升8.8%，侧面反映出小贷公司贷款的平均期限在延长。同时，调查小贷公司反映不良贷款开始显现，但由于小贷公司界定不明晰，缺乏相关法律法规规范，不良贷款无法核销，因此无法使用税前利润冲抵，导致多缴税而损失利润。

（四）信用贷款占比过高

小额贷款公司贷款从形式上看，信用贷款占比较大。2015年3月，辽宁省小额贷款公司信用贷款占全部小贷公司贷款的61.8%，同比增长18.3%，远超其他形式贷款增速，信用贷款无形中加大了小贷公司的风险。信用贷款占比高一方面是由小贷公司的业务范围决定的，小贷公司一般依托地缘、人缘优势发放贷款，客户群较为狭窄；另一方面是由于小贷公司发放过桥贷款，这类短期或超短期融资业务一般采用信用贷款形式。

二、政策建议

（一）拓宽小贷公司融资渠道

目前，政策规定小贷公司既不能吸收存款，也不能进入银行间市场进行拆借。其资金来源主要包括股东缴纳的资本金、银行机构融资以及资本市场融资三个渠道。

小额贷款公司较新颖的融资渠道是在股权交易中心发行私募债券，使得资产证券化、信息透明化，目前辽宁省已有部分小贷公司通过这种途径融资，但融资过程复杂、融资成本过高的问题较为严重。首先是发行程序非常复杂，认购冷清。其次是融资成本过高，沈阳通过债券渠道融资的平均成本为15%，而小额贷款公司贷款利率最多不能超过21.4%，盈利空间有限。

（二）明确界定小贷公司归属

小额贷款公司是由地方政府主管部门审批、在工商管理部门登记的企业法人，不属于金融机构，这就使得小贷公司面临身份上的尴尬，也是其发展受到多种因素制约的根本所在。首先是不享受金融服务业的优惠政策，如贷款损失准备税前扣减，造成税费较高；其次是业务经营范围狭小，不允许经营受托贷款等中间业务，盈利渠道严重受限。

执笔：白晶洁　何　畅

房贷新政对稳定住房市场起促进作用

中国人民银行营业管理部调查统计处

2015年3月30日，人民银行、住建部、银监会联合印发了《关于个人住房贷款政策有关问题的通知》（银发〔2015〕98号，以下简称房贷新政）。为了解房贷新政落地情况及实施效果，人民银行营业管理部联合其他分支机构，选择22个城市开展了深入调查（其中一线城市3个、二线城市6个、三线城市7个、四线城市6个），共回收有效银行问卷329份、房地产开发企业问卷510份、居民问卷1304份。调查显示：各地房贷新政落实情况存在差异，非一线城市力度更大；房贷新政对稳定住房市场、提振市场信心起到了促进作用，一线城市变化更明显；个人住房贷款业务量增加，利率水平出现分化。现将有关情况报上，供参考。

一、各地房贷新政的落实情况存在差异

2014年以来，商品住房市场区域分化日益明显：一线城市及个别热点二线城市、三线城市住房市场呈回升态势，部分三线城市、四线城市下行风险持续增加。在此背景下，各地对房贷新政落实情况存在差异：以一线城市为代表、市场回升较强劲的城市或地区执行较严格的住房信贷政策，非一线城市则多调整到位，部分去库存压力较大的城市地方政府积极采取多种非信贷手段稳定住房市场。

一是一线城市对二套房贷款最低首付比例要求高于新政规定。调查城市中，一线城市及个别二线城市、三线城市的银行业金融机构对拥有1套住房且相应购房贷款未结清的居民家庭，为改善居住条件再次申请商业性个人住房贷款购买普通自住房（以下简称二套房贷款）最低首付款比例，在国家统一住房信贷政策规定的基础上有所提高。其中，深圳、广州暂时保持不低于70%的政策不变，北京调整为50%，成都市主城区五区（含高新区）和合肥调整为45%。而绝大部分二线城市、三线及四线城市银行将二套房贷款，最低首付款比

例调整为不低于40%。

二是非一线城市对放松贷款审批条件更为积极。问卷调查结果显示，二线城市、三线城市、四线城市各有47.3%、58.5%、47.5%的银行对住房贷款的审批条件有所放松，明显高于一线城市的28.1%。部分非一线城市如二线城市中的成都，三线城市中的贵阳、南宁、泉州，四线城市中的安庆、常德、平顶山还对当地住房公积金贷款政策作出了进一步调整，具体包括提高贷款额度、降低二套房贷款利率水平、放宽贷款及提取条件、提高公积金贷款办理效率等。3个一线城市的住房公积金贷款政策则暂未调整。

三是非一线城市地方政府通过多种政策措施稳定住房市场。调查城市中，三线城市中的贵阳、四线城市中的济宁制定了新的保障性住房政策，推动保障房供应模式由"以建为主"向"以买为主"转变，以消化存量房源，优化住房供应结构。二线城市中的成都从5月1日起对以优惠利率向居民家庭在四川省内购买普通商品住房提供信贷支持的金融机构给予一次性财政补助，鼓励银行加强对居民购买普通商品房的信贷支持。

二、房贷新政促进成交回升，提振市场信心，一线城市变化更显著

一是新建商品住房成交企稳，二手房成交全面回升。房贷新政实施后，各城市新建商品房销售呈企稳回升态势。对各地房地产开发企业的问卷调查显示，房贷新政实施后77.8%的房企销售量有所上升。其中，一线城市房企销售量上升的占88.4%，比二线城市、三线城市、四线城市分别高出11个、14个、25个百分点。二手房成交量全面回升。调查显示，94.1%的城市4月成交套数环比增加，其中68.8%的城市增幅超过50%（有5个城市4月成交数据未获得）。

二是房价走势出现分化，一线城市及部分二线城市、三线城市房价环比上涨，四线城市房价持续下跌。4月，被调查的3个一线城市新建商品住宅价格指数、二手房价格指数环比全面上涨；13个二线城市、三线城市中，新建商品住宅价格指数、二手房价格指数环比上涨的占比均为38%，下跌的占比均为46%；所有四线城市的新建商品住宅价格指数持续下跌，二手房价格指数仅北海环比增长0.4%。

三是新政有利于稳定各方预期，对一线城市市场信心提振显著。从对各地银行、房企、居民的问卷调查结果来看，认为本次新政对房地产市场有一定拉动作用的银行、房企、居民占比在各线城市均超过50%。一线城市中，认为拉动作用"显著"的银行、房企、居民占比分别为36.9%、31.6%、50%，均为各线城市最高。各方普遍认为未来房价走势将保持稳定或上升，认为房价将下降的银行、房企、居民在各线城市的占比均不超过20%。其中，一线城市房价下跌预期最弱，认为未来房价将下降的银行、房企、居民占比分别为0、2.1%、2%。

图 银行个人住房贷款及二套房贷款申请量增加占比情况

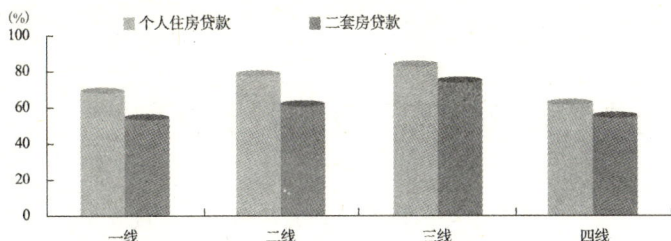

注：一线城市：北京、深圳、广州。
　　二线城市：哈尔滨、武汉、沈阳、昆明、宁波、成都。
　　三线城市：石家庄、南昌、贵阳、包头、泉州、合肥、南宁。
　　四线城市：安庆、平顶山、济宁、锦州、常德、北海。

三、新政后个人住房贷款业务量增加，利率水平出现分化

一是银行住房信贷投放有所增加。从问卷调查结果来看，新政后二线城市、三线城市、四线城市均有50%以上的银行增加了住房信贷投放；一线城市增加住房信贷投放的银行占比最低，为47.4%。从银行性质看，国有商业银行住房信贷投放增加的占比最高，达75.2%；外资银行住房信贷投放增加的占比最低，仅为16.7%。

二是门槛降低推动公积金贷款大幅增长。伴随公积金贷款额度的增加和贷款条件的简化，部分非一线城市公积金贷款规模呈现快速增加趋势，4月武汉二套房公积金贷款当月发放1110笔，同比增长120%；南宁二套房公积金贷款发放129笔，同比和环比分别增长51.8%和46.6%。

三是首套房贷款利率水平出现区域间分化。三四线城市首套房贷款利率水平整体高于一线城市及二线城市。调查显示，一线城市、二线城市、三线城市、四线城市银行首套房贷款平均利率水平为基准上浮的占比分别为12.3%、17.3%、57.6%、56.3%。三四线城市银行受存贷利差收窄影响较大，下浮首套房贷款利率存在一定的困难。

四是个人住房贷款申请量普遍增加，二套房贷款申请量增长较少。各线城市中，个人住房贷款申请量较新政前增加的商业银行均占六成以上，其中三线城市占比最高，达82.9%（见图）。二套房贷款需求增加得相对较少，47.4%的一线城市银行二套房贷款申请量在新政后无变化。这主要是因为改善型购房者对利率的敏感度高于首付金额，二套房贷款最低首付比例下降难以刺激改善性需求大量释放。另外，住房信贷政策要发挥作用，也需要一定的时间。

理性看待当前贷款利率有限下降

中国人民银行南昌中心支行调查统计处

融资贵已成为当前经济运行的主要问题之一。为推动社会融资成本进一步下行，2015年以来，人民银行实施了两次降准、降息。基准利率下调能否有效引导贷款利率下降，既是对前期政策的检验，也是制定后续政策的基础。为此，人民银行南昌中心支行重点对当前金融机构贷款利率走势情况、贷款利率仍处于高位的原因进行调研。

一、贷款利率总体下降，但降幅相对有限

据监测，5月，江西省金融机构贷款加权平均利率[①]为7.07%，同比下降75个基点，环比下降12个基点，自2014年11月首次降息以来，贷款利率呈逐步下降趋势。但从贷款利率下降速度、利率结构变化来看，当前降息、降准政策对贷款利率引导的实际效果还存在分化现象，贷款利率下降幅度相对有限。

（一）贷款利率降幅低于基准利率降幅

自2014年11月降息以来，基准利率总计下调90个基点，而5月江西省金融机构贷款加权平均利率较2014年末仅下降20个基点。可见，当前基准利率对江西省贷款利率撬动力度不大。从对企业调研情况来看，多数企业反映实际支付的贷款利率在8%以上，最高甚至达13%以上。在贷款利率基数较高情况下，当前的利率下降速度对缓解企业融资成本的作用有限。此外，考虑到两方面因素，当前实际贷款利率可能更高：一是全省规模以上工业企业利润总额同比增速由2014年的14.1%下滑至2015年1~4月的9%，二是生产者价格指数（PPI）下降幅度由2014年12月的3.6%扩大至2015年5月的5.2%。

（二）利率下降幅度与企业自身情况密切相关，中等及资质较差企业利率下降有限

据监测，5月，银行对大型、中型、

---

① 本文监测数据来源于人民银行南昌中心支行货币信贷处。

小型企业贷款利率执行上浮利率占比分别为32.05%、61.47%和82.24%，其中，对大型、中型企业执行上浮利率比重分别较2014年下降2.7个和6个百分点，而对小型企业执行上浮利率比重较2014年提高0.58个百分点。当前利率下降幅度与企业自身情况密切相关。据对南昌银行的调查，企业贷款利率下降表现分为三种情况：优质企业贷款利率下降较多，资质中等或较差企业贷款利率降幅较低，而处于困难期的企业贷款利率由于融资空间狭窄而有所提高。据对省联社的调查，降息对资产在300万元以下的小微型企业作用有限，其利率早已充分市场化，一般按照"资金成本+风险溢价+利润"来定价，与基准利率关联度并不高。据对工商银行江西省分行的调查，优质企业贷款利率降幅较大主要是因为风险较小、融资渠道较多致使其议价能力较强，但在当前经济形势下，企业财务指标普遍下降，优质企业大幅减少使得整体贷款利率下降有限。

（三）票据融资利率下降较多，一般贷款利率降幅较小

据监测，5月，江西省金融机构银行承兑汇票贴现利率同比下降83个基点，个人住房贷款加权平均利率同比下降128个基点，一般贷款利率仅同比下降70个基点。票据融资和个人住房贷款利率的下降虽然从整体上拉低了贷款利率，但并不能很好地反映企业尤其是中小企业融资成本的下降。一是票据融资一般不会超过180天，属于短期融资，面临的信用风险较小，其利率受市场流动性的影响较大，且多数中小企业在票据管理以及支付变现方面的能力存在不足，运用票据融资有限，票据融资利率下降对中小企业融资成本下降影响有限。二是个人住房贷款利率市场化不足，其上升和下降受到基准利率的影响较大，同时个人住房贷款风险较小，获得的优惠较多，因此利率降幅较大。但个人住房贷款属于个人贷款，其利率下调一般难以影响企业贷款利率。而更能够反映实体企业获取资金价格的一般贷款利率降幅较小，目前维持在7%的水平之上，意味着当前贷款利率下降效果仍有限。

二、当前贷款利率下降幅度有限的原因

利率作为资金的价格，其变化程度主要由资金供求决定，但从调研情况看，也受到许多非市场因素影响。总体来看，影响当前贷款利率下降有限的因素增多。

（一）金融机构贷款定价考虑更加精细全面

当前，以基准利率加点定价为主的传统定价模式已经发生改变，金融机构贷款定价的精细化程度进一步提高。除基准利率外，金融机构贷款定价更加注重以下几方面因素，这些因素均具有推高贷款利率的动力。

一是风险补偿。2015年以来，江西省金融机构不良贷款延续了快速增长势头，5月末，不良贷款较年初增长23.4%，高于贷款增速5.3个百分点。为

此，金融机构加大拨备计提力度，5月末，法人机构贷款损失减值准备比年初增长13.9%，高于账面利润增速11.2个百分点。因此，金融机构需要提高贷款利率以补偿相应的风险损失。据对民生银行南昌分行的调查，与上年相比，2015年贷款定价对风险溢价和资金成本两个因素的重视程度有较大提高。

二是成本因素。存款理财化趋势下储户对存款利率上浮到顶的诉求强烈，余额宝等互联网金融产品具有碎片化理财和便捷支付的双重功能，大幅侵蚀银行的活期存款，财政性存款普遍采用中标方式，目前上浮比率均高达30%（目前为江西省内最高上浮比例），这些都使银行负债成本易升难降。据对农业银行江西省分行的调查，至5月末，存款付息率达1.81%，较上年末上升0.08个百分点，较3月末上升0.04个百分点。据对上饶农村商业银行的调查，考虑到存款成本、拨备计提等因素，贷款利率达到9%才能维持盈亏平衡，目前最高利率达12.96%。在成本不断上升的情况下，商业银行以更高贷款价格来转嫁成本的动力较强。

三是利润目标。2015年以来，金融机构普遍下调利润目标，如建设银行江西省分行2015年税前利润计划为39.42亿元，比2014年下调2.85亿元。在此情况下，金融机构保利润愿望较强烈。多数金融机构反映，2015年考核机制由以往单一的对存款或贷款的考核转为对利润的考核。在中间业务收入增长乏力情况下，保利润的有效途径是提高利差收

入，但由于存款利率刚性较强，调高贷款利率则成为保利润目标的最主要手段。

四是个性化因素。部分金融机构在贷款定价时，随企业支付能力的变化而定。据对光大银行南昌分行的调查，目前贷款定价主要考虑的因素有企业综合实力、客户综合评级情况（财务状况及经营情况）、行业及担保和增信情况等。据对江西新金叶实业有限公司的调查，由于获得了政府退税基金3000万元，同时未来半年内将陆续有9000万元的退税补偿，近期公司资金周转能力明显提升，但在工商银行办理转贷时被要求提高贷款利率20个基点。

（二）利率欠敏感部门贷款增长较快和一些"僵尸企业"占用较多资源共同推高贷款利率

长期以来，由于高回报率和预算软约束的支撑，房地产、地方融资平台以及国有企业等部门的信贷可得性较高，对贷款利率的敏感性较低。据监测，当前江西省房地产开发贷款加权平均利率为9.2%，融资平台贷款加权平均利率为8.77%，明显高于全部贷款加权平均利率（7.07%）。据对农业银行江西省分行的调查，债务甄别后，85%的融资平台存量贷款被纳入存量债务预算管理，但目前平台贷款增长仍然较快。1~3月，江西省地方融资平台贷款新增99.7亿元，3月末余额同比增长17.6%，增速比上年末提高1个百分点。5月末，房地产开发贷款和国有企业贷款余额分别同比增长47%和18.5%，比上年同期分别提高12.3个和7.6个百分点。短期内，这些行业部门利

率敏感性仍然较低，其贷款快速增长将推高整体贷款利率。

此外，一些"僵尸企业"占用大量信贷资源，为实现资金周转，只要能获得贷款，基本没有下调贷款利率的诉求。如江西赛维公司目前共与18家银行机构有信贷关系，其中省内13家银行、省外5家银行。5月末，江西赛维公司银行贷款余额达171.2亿元，占新余市贷款的比重为27.31%，不良贷款余额为59.3亿元。由于流动资金不足，江西赛维公司每月仅有约120吨的产出，无法实现量产，如要实现量产，还需补充6.78亿元资金，这使得赛维公司对贷款利率基本缺乏敏感性。

（三）"短贷长用"进一步强化贷款利率黏性

当前，企业资金需求以周转性需求为主，周转性贷款一般表现为额度小、期限短，因此多数企业面临"短贷长用"问题。据调查，银行普遍要求企业以"还旧借新"方式进行续贷，即首先需要以自筹资金偿还已有贷款，然后再重新确定借贷关系。"还旧借新"使借贷企业对商业银行贷款需求非常缺乏弹性，主要是多数企业使用过桥贷款偿还已有的银行贷款，一旦银行贷款续不上，企业可能面临资金链断裂风险。因此，在"短贷长用"状态下，企业往往处于弱势地位。即便货币市场利率下行，处于强势地位的银行调整利率动机仍然趋弱，贷款利率黏性凸显。据对江西新金叶实业有限公司的调查，2014年以来，其从工商银行申请了2.68亿元的流动资金贷款，由于采用订单质押方式，贷款期限仅为2个月，使得公司每个月都基本处于频繁还贷的状态，对银行贷款非常依赖，贷款利率基本由银行确定。

（四）银行实施多项策略降低企业对贷款利率的敏感性

对于优质信贷客户，不少金融机构采取多种方式提供附加服务，提高客户忠诚度，以降低企业对贷款利率的敏感性。一是优化贷款流程，缩短贷款审批期限，提高贷款便捷度。调研企业反映，当前股份制银行贷款利率普遍高于国有商业银行2~3个百分点，主要是提供了较便捷的贷款服务，一般在半个月以内实现放款，而国有商业银行涉及信贷审批的部门多达六七个，有时还会碰到审批人员出差问题，审批期限长达几个月的现象比较常见。不少调查企业反映，只要能够快速放款，利率高几个百分点基本不是问题。二是提供优质的附加服务，如由单一信贷服务向融资、结算、资产管理和咨询顾问等一体化金融服务转变。如浦发银行开发了一款"投贷宝"信贷产品，贷款利率高出普通产品1个百分点左右，主要是按照一定的股权投资和银行贷款配置比例，在创投机构对企业进行股权投资后，由担保机构进行担保，浦发银行发放贷款。华夏银行也在业内率先开发了大型和小微企业的电子商务"平台模式"，一方面由平台内大型企业担保可以加快资金周转，另一方面对接大型企业财务系统，可以掌握其上下游小微企业资金流、信息流和物流情况，有助于控制小微企业信贷风险，该模式在银行同类信贷产品中具有较强竞争力。

（五）中小法人银行成为撬动贷款利率上行的重要边际因素

据监测，5月，江西省城市商业银行和农村信用社贷款执行上浮利率的占比分别为79.89%和95.55%，其中，城市商业银行占比与上年末基本持平，农村信用社占比较上年末提高3.3个百分点。而国有商业银行和股份制银行贷款执行上浮利率的占比分别为54.62%和72.16%，均比上年末有所下降。城市商业银行和农村信用社等中小法人机构能够实现较高利率的主要原因：一是竞争不充分。江西省多数中小城镇能够提供信贷服务的金融机构十分有限。金融服务供应不足，易形成卖方市场和卖方定价格局，从而维持较高的贷款利率。二是小微企业、"三农"业务风险较高，这些中小法人金融机构需要采取贷款利率上浮策略来覆盖经营风险，贷款利率下降空间有限。

三、理性看待当前贷款利率下行有限的问题

对于贷款利率下行有限，首先应看到，当前贷款利率水平总体上反映了资金的供求关系。尽管有一些非市场因素的影响，但资金的供求关系依然是影响贷款利率的第一位因素。因此，破解融资贵问题首先应着力解决融资难问题，要进一步做大信贷总量，提高金融服务供给能力。

其次，要区分好的、合理的与坏的、不合理的融资贵问题。对于有利于市场出清，能够反映经济下行风险、金融机构业务下沉风险，即有利于市场化的隐性成本外显的融资贵问题，应以平常心对待，允许市场的必要调整。对于主要由体制机制缺陷造成的，尤其是行政干预、隐性担保介入价格调整所导致的融资贵问题，应坚决从体制机制上改进。

对房地产新政短期与中长期效果的调查与分析

——以赣州市为例

中国人民银行赣州市中心支行调查统计科

近段时期，中央银行连续降息、降准，货币金融环境不断放松，同时从中央部委到地方政府连续出台了有关调控房地产市场的政策，如2014年9月30日的"9·30新政"和2015年3月30日的"3·30新政"[①]等一系列新的政策。为了解这些政策对赣州市房地产市场的提振效果，人民银行赣州市中心支行进行了快速调查。调查显示：房地产新政短期效果明显，市场出现回暖迹象；但受多重因素制约，中长期效果或将有限。

一、房地产新政短期效果明显，市场出现回暖迹象

在房地产新政的作用下，赣州市房地产市场主要指标下滑态势得到扭转，部分指标出现了明显的回暖反弹迹象。

（一）房地产市场成交量大幅回升

"9·30新政"出台以前，赣州市房地产市场成交量呈现持续萎缩的态势，2014年1~9月赣州市商品房销售面积同比下降18.22%。而随着多项房地产新政的出台和落地，进入2015年，房地产市场成交量出现了大幅回升。2015年前4个月，赣州市商品房销售面积为244.98万平方米，同比增长34.32%，其中，4月当月商品房成交面积为52.81万平方米，同比增长49.92%。

（二）二手房成交量持续升温

在房地产新政，特别是"3·30新政"的作用下，赣州市二手房成交量明显升温，以赣州市中心城区例，2015年1~4月，中心城区二手房成交面积为10.81万平方米，同比增长42.62%，其中4月成交3.29万平方米，占当月全市商品房成交量的18.50%，占比为近年来最高，同比增长26.54%，环比更是增长41.81%。

---

① 二套房贷首付比例降至40%，营业税免征期5年改为2年。

（三）房地产价格呈现企稳迹象

2014年以来，赣州市房地产价格在成交量大幅下滑形势下持续回落，不少房地产企业纷纷采取送面积、送优惠券等隐蔽降价措施，而随着房地产各项新政策的出台，房地产市场价格出现企稳的态势，2015年1~4月，全市商品住房均价为4943元/平方米，同比下降1.04%，但4月当月为5022元/平方米，环比上涨0.23%。同时，据走访的多个楼盘反映，2015年4月价格较上年底普遍上涨了100~300元/平方米不等，同时部分隐蔽的购房优惠措施已经取消。

（四）房地产市场活跃度明显提升

在房地产新政的作用下，赣州市房地产市场的供给和需求都得到了较集中的释放。一方面，房地产商加大了楼盘的供应，以赣州市中心城区为例，2015年4月赣州市中心城区商品批准预售面积为14.54万平方米，环比大幅增长256.37%，4月当月新开楼盘5个；另一方面，购房需求明显增加，据调查的5个楼盘粗略统计，4月5个楼盘每天平均看房人数为240人次左右，是年初看房人数的近两倍。

二、多重因素制约，房地产新政中长期效果或将有限

短期来看，房地产新政释放了大量有效购房需求，促进房地产市场回暖，但受刚性需求增长乏力、去库存压力较大、市场信心不足等因素制约，中长期来看，政策对促进房地产市场持续回暖的效果或将有限。

（一）去库存压力仍然较大

当前赣州市房地产市场供大于求的局面仍未改变，且有进一步加剧的趋势，去库存仍然面临较大的压力。按照2015年月均销售量计算，赣州市商品房库存去化的时间为2年左右，其中非住宅去化时间更是达到40个月。与此同时，全市潜在库存仍较大，以赣州市中心城区为例，截至4月末，中心城区商品房库存为411.33万平方米，其中住宅为204.91万平方米，同比增长39.42%，同时根据2009年以来中心城区出让房地产开发用地面积计算，将有480万平方米左右的潜在库存面积。

（二）刚性需求增长乏力

在一系列差别化的房地产调控政策的作用下，赣州市刚性需求已得到较充分的释放，而新增刚性需求的速度则较慢，远低于新增供应的增长速度，难以支撑房地产市场持续回暖。以现在的存量房计算，赣州户均有1.1套房左右，每年新增刚性需求为3%~5%，这也意味着刚性需求空间相对有限。

（三）市场信心仍显不足

尽管出台的一系列新政降低了购房门槛和成本，扩大了有效需求，但支撑房地产市场回暖的信心和预期并未发生扭转。一方面，房地产开发投资信心明显不足，拿地意愿较弱，1~4月全市房地产开发投资大幅回落10.5个百分点，同时1~4月全市商品房土地成交面积仅72.47万平方米，同比回落48.41个百分点；另一方面，购房者对房价下降的预

期仍较强烈。在刚性需求增长有限、投资性需求动力不足的情况下，改善性需求成为房地产市场的主要支撑，而改善性住房需求者的观望情绪较浓厚。据我们对多个楼盘的100位看房者的调查，有83位为改善性住房需求者，其中有69位改善性住房需求者认为房价偏高，仍有下降空间，表示将进一步观察。同时，据某楼盘调查数据，所有看房者中只有不到6%最终成交了。

（四）房地产企业资金困难

当前房地产开发商资金紧张的局面并没有因货币环境的放松而有效缓解。目前，银行对于房地产开发企业继续保持谨慎态度，特别是对小型房地产企业更加谨慎，从信贷投放情况来看，2015年1~4月全市房地产开发贷款仅比年初新增1.13亿元。在这种形势下，房地产商多通过信托、资产管理计划等渠道引入信贷资金，更有甚者借道民间机构进行融资。调查发现，目前通过典当行等民间机构融资的房地产企业占比上升，其融资的财务成本（年化利率）达到了30%以上；部分楼盘为回笼资金，对一次性付款的购房者给予最低七折的优惠。

三、房地产后期走势预测

当前政策和货币环境不断放松，短期内促进了赣州市房地产市场的回暖，但从中长期来看，仍面临结构调整和市场库存去化的双重压力，仅靠政策刺激效果或将有限，预计房地产开发投资将逐步降速，成交量有望继续缓慢回升，而房价仍将保持整体稳定、小幅下降的态势，一些小型房地产企业资金链断裂的风险进一步增大。

（一）开发投资将延续低位增长

在当前库存较大，且新增供应仍将保持较快增长的形势下，赣州市房地产市场将在长时间内处于去库存的阶段，加上房地产开发商资金总体较紧张，企业投资信心不足，银行对房地产开发信贷的发放又较谨慎，预计房地产开发投资将延续低增长格局。

（二）市场成交量有望企稳

在一系列政策的作用下，房地产企业正利用政策利好，主动调整销售策略，以价换量，加快去库存化步伐。考虑到上年基数较低，加上多项政策的放开刺激了大量购房需求，预计成交量将延续缓慢回升的态势。

（三）住房价格将稳中略降

尽管在政策刺激下，房价不断企稳，但考虑到当前房地产企业回笼资金的意愿较强，房地产价格仍有下降空间，在供应较充足、去库存压力加大的形势下，房地产开发商或将继续采取以价换量的策略。但考虑到房地产开发成本，进一步下降的空间相对有限，预计房地产价格将在震动中略有下降，最后将维持在一个相对稳定的水平。

执笔：谢芳俊

三线城市二手房市场回暖，新房市场低迷

中国人民银行哈尔滨中心支行调查统计处
中国人民银行大庆市中心支行调查统计科

2015年3月30日，国家出台新的个人住房信贷政策和个人住房转让营业税政策（以下简称"3·30新政"），旨在刺激个人住宅市场的刚性需求和改善性需求。为了解、掌握"3·30新政"实施一个月的效果，哈尔滨中心支行对黑龙江省三线城市——大庆市开展了典型调查，调查结果如下。

一、个人住房信贷政策执行情况

抽样调查大庆市10家银行机构的结果显示，各家银行机构执行房地产信贷新政的时间各不相同，房贷利率的下限也不相同，但基本上按照人民银行要求，出台了相关降低二套房贷标准的政策，有的下调了首付比例，有的下调了贷款利率下限。总体来看，区域性城市商业银行和股份制商业银行执行政策速度快，国有商业银行政策落实层级多、速度偏慢，房地产信贷政策执行情况如表所示。

二、"3·30新政"效果显现

（一）二手房交易明显活跃，供需两旺

"3·30新政"明显利好二手房市场。从卖方看，二手房转让营业税征收时间从5年缩短到2年，增强了卖方的交易意愿，以交易金额为50万元的二手房为例，至少减少卖方交易成本2.5万元，大幅增加了二手房市场的房源供给；从买方看，二套房贷首付比例下降和利率下调提升了买方的购买力，二手房买卖成交机会大幅增加。大庆市房产管理局统计数据显示，2015年4月，二手房成交25.6万平方米，环比增长44%，同比增长28%；1~4月累计成交66.21万平方米，同比增长13.2%，增速呈持续上升趋势。据大庆市最大的房地产中介上策房产中介公司介绍，"3·30新政"实施以

表 银行机构"3·30新政"调整实施情况

序号	银行机构	首套房		新政前二套房		新政后二套房		执行新政时间
		首付比例	贷款利率下限	首付比例	贷款利率下限	首付比例	贷款利率下限	
1	工商银行	30%	基准上浮5%	60%	基准上浮5%	40%	基准上浮5%	4月8日
2	农业银行	30%	基准下浮10%	60%	基准上浮10%	40%	基准	4月21日
3	中国银行	30%	基准	60%	基准	40%	基准	未变
4	建设银行	30%	基准	60%	基准上浮30%	40%	基准上浮10%	4月13日
5	交通银行	30%	基准下浮5%	60%	基准上浮30%	40%	基准上浮10%	4月9日
6	光大银行	30%	基准	60%	基准上浮5%	40%	基准上浮5%	4月2日
7	兴业银行	30%	基准	60%	基准上浮10%	40%	基准	4月13日
8	龙江银行	30%	基准下浮10%	60%	基准上浮10%	40%	基准	4月21日
9	昆仑银行	30%	基准下浮10%	60%	基准下浮10%	40%	基准下浮10%	4月8日
10	哈尔滨银行	30%	基准下浮10%	60%	基准上浮10%	40%	基准上浮10%	3月31日

来，二手房交易的咨询客户和成交客户明显增加，环比增长50%左右。

（二）新房交易量同比下降，销售价格略有下降

尽管"3·30新政"实施后，商业性个人住房贷款和住房公积金贷款首付比例不同程度地下降，在理论上会刺激新房交易，但是实际上，受房价下降预期影响，新房市场依旧低迷。400份城镇储户问卷调查显示，二季度预计未来房价不变的储户占61%，与一季度基本持平；下季度计划购房的储户比例为16.3%，环比下降1.5个百分点。受此影响，大庆市一季度商品房销售34万平方米、3522套，交易额为18.7亿元，同比分别下降24%、23%和23%。3月、4月当月的新房销售面积分别为10万平方米、12.5万平方米，同比分别下降23%、27.9%。前4个月商品住房销售均价为5173元／平方米，较上年同期略有下降。

（三）二手房贷款快速增长，新建房商业贷款增长乏力

受二手房交易回暖和新建房交易持续低迷影响，二手房贷款和新建房贷款也随之变动。2015年4月末，大庆市各银行机构二手房和新建房贷款余额分别为25.8亿元和74.4亿元，同比分别增长41%和17%，环比分别增加7456万元和1942万元。前4个月二手房贷款新增量是上年同期的1.3倍，而新建房贷款新增量只有上年同期的28%，新建房贷款投放集中于往年上市楼盘的尾盘。对10家银行机构的问卷调查显示，9家银行认为"3·30新政"刺激了二手房信贷的增长，促进了二手房市场的活跃；所有银行对新建房市场都持悲观态度，认为"3·30新政"没有针对首套房信贷政策进行调整，新建房市场将持续低迷，前景不乐观。

三、需要关注的问题和建议

（一）关注房地产投资下降对房地产业可持续发展的影响

受商品房去库存化、市民购房趋于理性和房地产行业腐败案件等因素影响，2015年以来，大庆市房地产开发企业投资意愿下降，商住开发用地市场疲软，企业拿地热情减弱，土地出让数量减少，在一定程度上影响了房地产业可持续、健康发展。2015年前4个月，大庆市房地产开发投资5.01亿元，同比下降59.6%；新开工面积6.8万平方米，同比下降80.8%。一季度土地出让收入完成3.12亿元，减收4.78亿元，同比下降60.5%；市区共审批出让土地16宗，面积19公顷，同比减少33公顷，成交的项目大部分为工业用地。为此，建议地方政府出台优化投资、创业、人口、税收等政策，打造资本、人才、技术的政策洼地，改变三线城市人口增长缓慢甚至净流出的现状，推进区域城镇化进程，为房地产稳健发展奠定基础。

（二）关注房地产业景气下降对信贷资金安全的影响

截至2014年末，大庆市各银行机构不良贷款余额为34亿元，同比增加8亿元，主要是受近年来房地产限购、限价等政策影响，房地产行业下行压力较大，部分企业资金链断裂，无法维持生产经营，从而导致借款企业贷款逾期。

为防止房地产行业不良贷款蔓延，建议政府部门配合金融监管部门加强对企业的生产经营情况、资金链风险的监测，加强对风险企业的摸排，了解房地产企业特别是高风险企业经营状况、负债情况，准确评估企业资金债务风险。对银行贷款依存度高、民间融资依存度高、生产经营不正常的企业进行重点跟踪，制定企业资金链断裂危机处理应急预案。

（三）关注商品房房源供应饱和对今后发展模式的影响

截至2015年4月末，大庆市区新建商品住房累计可售面积达到350万平方米，同比增长53%，市场供应充足。按2014年新建房销量进行推算，待售商品房消化周期需1.5年；按2015年4月销量进行推算，待售商品房消化周期需2.33年。今后一个时期，房地产去库存化将成为常态。为此，建议房地产行业摒弃规模化、粗犷式发展路径，探索房地产发展"互联网+"新模式。加强房产营销模式创新，发展房产众筹、社区APP以及自营O2O等营销模式，通过嫁接互联网，从而使房地产大大降低外部交易成本，实现房价合理稳定。拓展房地产和互联网合作链条，逐步覆盖前端的融资、拿地、设计、开发、建材采购等领域以及中后端的生产建设、商业运营、社区服务等领域，努力打造"互联网+房地产"的全产业链闭环。

执笔：成秋如　刘振波　王凤芝

楼市新政对宁波房地产市场的影响分析

中国人民银行宁波市中心支行统计研究处

2015年3月末，国土资源部、住建部、人民银行、银监会、财政部、国税总局等部委出台一系列楼市政策，对优化住房用地供应、调整住房首付比例、缩短住房转让营业税免征期限等进行了规定。与此相应，宁波也出台了一系列支持房地产市场的政策。

一、当前宁波出台的楼市新政

从2014年下半年开始，为扭转房地产市场下行趋势，国家陆续出台了一系列政策稳定楼市预期，加快释放首套和改善性住房需求。国务院在关于落实《2015年政府工作报告》重点工作的意见中，明确要求十五部委要负责坚持分类指导，因地施策，落实地方政府主体责任，支持居民自住和改善性住房需求，促进房地产市场平稳发展。3月30日，我国出台《关于个人住房贷款政策有关问题的通知》，降低了贷款首付比例；而财政部则将二手房营业税免征年限从5年减少为2年。

为促进房地产市场平稳发展，加快商品房去化速度，2014年下半年以来，宁波市紧跟国家房地产调控政策，结合城市自身吸引高层次人才的定位和去库存的主基调，细分市场、分类指导，出台了一系列楼市政策，稳控宁波房地产市场（见表）。

总体来看，宁波市楼市政策采取了控制供给和扩大需求双向调控措施。在控制供给方面，建立住宅用地供应与存量商品房消化时间挂钩机制，遏制住宅用地无节制供应，同时压缩新建保障房规模。在扩大需求方面，采取了取消限购、推进棚户区改造、提高公积金贷款额度等措施，并出台了鼓励大学生购房的刺激政策，通过购房补贴、贷款贴息等政策拉升住房消费。

二、楼市新政对宁波市房地产市场影响分析

（一）新政推动宁波市房地产市场回暖

2015年一季度宁波市商品房销售面

表 2014年下半年以来宁波市出台的楼市政策一览

2014.07.30	宁波首次松绑限购。除了海曙、江东、江北中心城区套型在90平方米以下的商品住房依然被限购外,其余均解除限购。
2014.08.29	宁波彻底取消了历时3年多的限购政策。
2014年国庆后	宁波各家银行的房贷细则陆续到位。拥有1套住房且贷款结清的家庭,购买二套房申请贷款享首套房政策,且利率优惠最低基本为九折。
2014.10.08	宁波市委办公厅、宁波市人民政府办公厅出台《关于营造良好安居环境促进高校毕业生来甬就业创业的若干意见》,对毕业10年内在甬就业的大学生,从9月20日开始一年内购买首套普通住房给予房价0.75%~1%的补贴。另外,公积金贷款也有专属优惠,博士购房予以贴息。
2014.10.09	宁波市人民政府出台了《关于加快推进以成片危旧住宅区为重点的城市棚户区改造工作实施意见(试行)》。实施时间从2014年11月1日起。到2017年末,计划实施棚户区改造10万户、1000万平方米,其中争取完成成片危旧住宅改造300万平方米。
2014.11.20	宁波的公积金贷款新政正式出台。职工连续缴存满6个月即可申请公积金贷款购房,贷款已结清的购买二套普通住房可享首贷政策,且购买首套房最高可贷90万元。
2015.03.27	宁波市人民政府办公厅印发《宁波市关于创新保障性住房提供方式的指导意见》,提出了两种创新方式:一是发放住房补贴,实行货币保障;二是收购市场房源,筹集保障性住房。
2015.04.13	宁波市国土资源局、住建委、财政局发布《关于加强住宅用地供应计划管理促进土地市场可持续发展的实施办法》,建立住宅用地供应与存量商品住宅消化时间挂钩机制。
2015.04.27	宁波的公积金贷款新政正式出台。首套房首付不低于20%,家庭贷款额度最高100万元。
2015.05	加快制定租房提取住房公积金管理办法,加快推进"公转商"贷款政策的出台。

注:"公转商"是指对符合公积金贷款条件的职工,由银行按照公积金中心审批的额度,先行发放商业性个人住房贷款,由公积金中心给予利息补贴。待公积金中心资金宽裕时,再将银行商业性个人住房贷款置换转回为公积金贷款,杭州市已率先出台了类似政策。

积为154.65万平方米,同比增长63.9%,其中住宅销售面积为112.37万平方米,同比增长62%。一季度商品房成交量的快速攀升,一方面是由于2014年同期基数较低,另一方面则是因为2014年以来宁波出台的各项楼市刺激政策持续发力。以"3·30新政"后的一周内(3月30日至4月5日)数据为例,市区商品住宅成交841套、11.02万平方米,较前一周分别上升18.45%和27.15%,恢复至上年10月、11月成交高峰期水平。其中,4月宁波市区商品住宅成交3747套,环比增加45.3%,同比增加220.8%。4月日均成交量为125套,大幅超过3月87套的日均成交量。

在"3·30新政"推动下,房价呈稳中略升的态势。4月宁波市场成交均价为12972元/平方米,环比上涨2.5%。事实上，由于2014年下半年成交量放大，且"3·30新政"带来政策利好，房地产开发企业信心有所恢复，除了个别已交付楼盘降价清盘外，总体价格平稳，部分区位优越、户型较好的楼盘已开始涨价。

（二）商品房库存面积环比小幅回落，去化周期较长

商品房库存面积环比小幅回落，但同比上升较快，总量仍居于高位。根据商品房网签系统数据，2015年全市商品住房可售面积缓慢下降。截至2015年3月末，全市商品房存量（包括住宅、办公、商铺，不含车位，下同）为151044套、2038万平方米，存量面积环比下降2.3%，同比上升20.4%。按照2014年全市615万平方米、市区375.5万平方米的商品住房成交量计算，目前全市存量商品住宅消化时间为25个月，市区消化时间为20个月，各县市区消化时间为34个月。

（三）房地产金融较快增长，资产质量良好

从2013年以来，房地产开发贷款和个人住房按揭贷款均呈较快增长的态势。2015年1~4月，宁波市房地产开发贷款和个人住房按揭贷款余额分别为1133亿元和1331亿元，合计占贷款余额的16.33%。目前，房地产贷款不良率为0.42%，低于全市2.48%的平均水平。

（四）土地出让市场低迷，新增抵押金额下降

从2014年开始，宁波土地出让就处于低迷状态，存量出让土地过多、住宅

和商业综合体严重过剩、实体经济仍未好转是导致出让金收入下滑的关键原因。2015年1~4月全市土地出让金收入为72亿元，其中招拍收入70.4亿元，较上年同期减少了85亿元，同比下降54.3%。全市土地出让价格整体下行，但住宅用地出让价格小幅回升。2015年1~4月，全市土地平均出让价格为1753元/平方米，较上年同期下降23%。而住宅用地则同比增长7%。这主要是由于受2014年下半年房地产刺激政策影响，楼市回暖，使得开发商在整体压缩拿地规模的同时，对部分地段较好的住宅用地，仍愿出较高的价格。

一季度土地新增抵押面积和金额下降，抵押率下降明显。2015年一季度全市五大类建设用地的新增土地抵押面积为591.7公顷，新增抵押金额为173.7亿元，比上年同期的411.5亿元减少了237.8亿元。分类别看，主要是商服用地、工矿仓储用地、住宅用地的抵押宗数、抵押面积、抵押金额下降明显。同时，公共服务用地、其他用地的抵押宗数、抵押面积、抵押金额上升。此外，2015年一季度新增抵押金额的下降幅度（-57.8%)明显超过抵押面积（-16.6%）和评估金额（-22.4%）。这不仅意味着银行对抵押贷款的偏好从住宅用地转向基础投资类用地，而且意味着银行对各类建设用地的抵押贷款加强了风险控制，降低了抵押率。

三、下一步市场研判与政策建议

一是未来宁波房地产市场将进入高基数、中低速增长的新阶段，自住和改善性需求为支撑房地产市场的主要力量。房地产市场经过十余年的快速发展，在2014年首次出现非行政干预导致的市场调整，进入到高基数、中低速增长阶段，这与当前我国宏观经济增速换挡一致。与2013年以前通货膨胀严重、城市化率较低、楼市供不应求、预期向好等不同，当前房地产市场逐步回归至理性状态，投机性力量已被基本挤出，自住和改善性需求成为支撑房地产市场的主要力量。

二是新政刺激近期市场回暖明显，未来市场去库存周期较长。从2014年下半年以来，国家和宁波市均采取了一系列楼市刺激政策，实际上也带动了半年多的楼市向好，房地产成交量大幅增加。但此轮楼市新政与2008年、2009年楼市新政的政策背景迥然不同，其在短期内的政策刺激实质上也只是让未来购房需求提前释放。房地产存量规模庞大，加之宁波常住人口城镇化率已近70%，城市化速度趋缓，预计刺激政策的效果在一年后将逐步消退，房地产市场将更快进入以去库存为主旋律的较长周期平稳发展阶段，棚户区改造等托市政策将发挥更大作用。

三是土地出让收入将低位企稳，"土地财政"发展模式难以为继。预计随着地方债务置换、地方债发行、楼市新政、中央银行持续降准降息等政策的出台，宁波市房地产业将逐步回暖，土地出让收入也将趋稳回调，但难以再达到2013年的高位。从宁波市近5年土地出让金走势看，土地出让收入在地方财政总收入中的比重、房地产投资在固定资产总投资中的比重从2013年以来整体呈下滑趋势，地方发展过度依赖"土地财政"的风险和矛盾逐渐显现，急需重构发展模式和投融资体制机制。

四是房地产行业结构变化凸显，直接融资加大。一方面，加快住宅地产向工业地产、养老、消费、创业地产转型。随着人口红利的消失，住宅地产市场发展的"天花板效应"正逐步显现。为此，房地产企业在继续对住宅地产精耕细作的同时，也加快工业地产、养老地产、消费地产等布局。另一方面，随着房地产企业经营思路的调整，其融资渠道也将从间接融资转向众筹、永续债等直接融资方式。目前，部分房企还搭建了金融平台，如绿地集团在旗下搭建了绿地金控这一全新的金融运作平台。

PPP模式在我国的发展及对策

中国人民银行重庆营业管理部调查统计处
中国人民银行涪陵中心支行调查统计科

经济新常态下，PPP模式成为我国深化投融资体制改革、加快基础设施及公用事业建设、推进"一带一路"和"长江经济带"等国家战略的重要抓手。2015年5月，人民银行涪陵中心支行课题组在对我国PPP进行系统总结、全面分析的基础上，对当地发展改革委、财政部门和部分PPP项目进行了调查，发现受观念偏差、制度缺失、管理错位等因素制约，我国PPP"叫好不叫座"，深入、持续、全面推进亟需顶层设计、综合治理。

一、PPP在我国的发展历程

PPP（Public-Private-Partnerships）模式即"公共部门—私人企业—合作"模式，是公共部门通过与私人部门建立伙伴关系，共同提供公共产品或服务。PPP模式源于英国，目前广为世界发达国家和部分发展中国家采用。

总结PPP在我国的发展历程，大致可分为三个阶段。

（一）初期探索阶段：改革开放初期至2003年

这一阶段，是PPP模式在我国的引入探索期，以BOT为主，主要目的是弥补基建投资资金缺口。由于经验欠缺，特别是由于缺乏宏观制度环境，成功者寥寥，没起到由点及面的示范效应；相反，失败的教训让民间资本至今仍心有余悸、望而却步。代表项目如福建省泉州刺桐大桥项目，这是我国首例以内地民间资本为主的BOT案例，1994年10月正式筹建，1995年动工建设，1997年1月建成运营，开创了我国以本土民营经济主体为主组建特殊项目公司（SPV）投资基础设施项目建设的先河。

（二）加速发展阶段：2003—2013年

这一阶段，国家开始注重顶层设计，加上亚洲开发银行积极推动，我国开始形成具有现代意义的PPP模式。

2003年，党的十六届三中全会决定允许非公经济进入基础设施、公用事业及其他行业和领域；2004年，建设部制定《市政公用事业特许经营管理办法》，各级地方政府还据此出台了大量地方性法规、规章和文件，加上亚洲开发银行在中国积极推动PPP模式，聚焦于市政基础设施项目和可再生能源项目，BOT、BOO、TOT等模式被广泛引入、应用。主要代表项目有法国威望迪集团拍得浦东自来水厂50%股权、50年经营权，北京地铁4号线B部分项目和国家体育场项目等。这一阶段，虽然项目数量明显增多，但仍然缺乏顶层设计，一切以地方政府短期实用价值优先，出现了一批争议较大的失败项目。

（三）新一轮PPP热潮：2013年以后

这一阶段，PPP模式制度化建设和顶层设计被正式提上议事日程，掀起了新一轮PPP热潮。2013年11月，党的十八届三中全会通过《中共中央关于全面深化改革若干重大问题的决定》，允许社会资本通过特许经营等方式参与城市基础设施投资和运营。2014年5月，财政部成立政府和社会资本合作工作领导小组，全面部署PPP推广工作。2014年11月，国务院出台《关于创新重点领域投融资机制鼓励社会投资的指导意见》，明确规定了政府对PPP项目进行投资或支持的方式。2015年4月，发展改革委等六部委出台《基础设施和公用事业特许经营管理办法》。同时，发展改革委、财政部等相关部委连续颁布了一系列部门规章或指导性文件，一套较为完善的PPP政策框架正在形成。

二、我国PPP现状："叫好不叫座"

PPP模式从20世纪90年代初引进我国，进入21世纪后加速发展，再到新常态下掀起热潮，可谓迭宕起伏，多有波折。当前我国PPP集中表现为"叫好不叫座"。

（一）宏观层面，从中央到地方，各级党政普遍"叫好"

一是国家战略实施为PPP带来发展的春天。我国相继推出城镇化建设、长江经济带、京津冀一体化等发展战略，鼓励和支持民间资本参与，PPP成为落实这些战略的重要方式，特别是我国提出"一带一路"战略构想，推动建立亚洲基础设施投资银行，倡导相关各国通过PPP方式吸引资金参与基础设施投资。

二是一系列规章文件为PPP提供政策支持。特别是自2013年以来，国务院、发展改革委、财政部等陆续出台了一系列指导意见、部门规章和规范性文件，一套由法律法规、管理机构、操作指引、标准化工作和专业培训等构成的PPP政策框架逐步形成，为PPP模式提供政策指导和技术支持。

三是全国及地方省市出现PPP投资热潮。2014年12月，财政部正式批准政府和社会资本合作中心成立，并确定上海等十多个省市试点成立地方PPP中心。据媒体报道，2014年9月前后，34个省、市、自治区共推出总额约1.6万亿元的PPP项目。据财政部、中金公司统计，截至2015年2月，我国采用PPP模式运作的项目数量累计超过1000个，涉及交通、通信、能源、水资源等领域，总投资超过9000亿元。

（二）微观层面，PPP参与者特别是民间资本"不叫座"

一是参与PPP项目的投资方多具国资背景。2015年4月，英国《金融时报》旗下研究机构《中国投资参考》(China Confidential)对我国PPP基础设施项目进行了一次调查，在50%的公私合作开发项目中，所谓"私营"合作伙伴"假民资真国有"，实际上是国有企业；所考察的39个项目中，仅22%拥有来自私人控股公司的投资。

二是地方政府并未真正向民间资本放开市场。特别是2008年国际金融危机、国家出台经济刺激计划后，地方政府财政充裕，在此之前备受热捧的PPP模式被打入"冷宫"，很多在建PPP项目被中止；对于新建项目，民营资本也很难进入。调查座谈发现，目前地方政府推荐PPP项目时，投资方仍倾向于大型国企，民间资本基本上是"伴读"，致使项目储备"库存爆满"，而真正落地的屈指可数。以重庆市涪陵区为例，现有储备PPP模式项目16个，投资总额超过187亿元，但至今没有1个签约。

三是部分项目运作失当，民间资本对PPP"敬而远之"。《中国投资参考》调查走访投资过PPP项目的民营企业，48%的受访者表示不再参加PPP项目，认为没有盈利的占58%，认为没有得到财政补贴的占41%。调研座谈中课题组也发现，当前我国PPP缺少成熟的项目供给方和管理者，特别是投资者与管理者之间严重缺乏互信，福建刺桐大桥PPP项目中泉州市政府的不当作为，至今仍是民间资本面对PPP项目决策时挥之不去的芥蒂。

三、我国PPP存在的问题及原因

（一）存在观念偏差，地方政府把PPP当作解压纾难的融资工具

PPP模式兼具融资创新和体制创新两大功能，甚至后者分量更重。总结PPP在我国的发展历程不难看出，对PPP的内涵，地方政府并没有真正把握，只是单纯地把它当成一种融资工具，作为一种融资手段，甚至过分夸大其融资功能，并希望借此来破解土地财政困局，化解地方债风险，缓解融资压力。长此以往，地方特殊项目公司可能变成另一种形式的地方融资平台。

比如，2008年以前，为完成经济发展指标，又苦于资金缺乏，地方政府"大干快上"PPP；2009年，为应对国际金融危机，国家出台经济刺激计划，国进民退，PPP严重受挫，虽然其后国务院出台"非公经济新36条"，但收效甚微；当前，面对经济下行压力，为稳增长，各级政府又重拾为宝，重大项目言必称PPP，PPP被寄予了新常态下解决地方债务和融资难题的厚望和重任，而各级政府对于项目运作不当可能带来新的地方政府债务，对于项目营运期内的政府财政后续支付能力，缺乏理性的判断和系统的安排。

（二）缺乏制度安排，政府信用风险成为民间资本重点考量的最大风险

纵观PPP在我国的实践，公共部门与私人部门角色失当，地方政府"既当运动员又当裁判员"，民间资本成不了真正的"伙伴"，特别是有的地方政府换届后"新官不理旧事"，履行合同意愿较弱，致使一些PPP项目顺利建成易、成功营运难，政府信用风险成为民间资本参与PPP项目重点考量和防范的最大风险。比如，2003年，湖北十堰实行全城公交民营化后，地方政府不允许公交票价上涨，又不给财政补贴，每年还收取800万元买断费用，导致公交公司四次大规模停运，项目失败。

（三）缺乏操作规范，PPP项目运作难保科学性且风险难控

一是缺乏技术标准和评估体系，导致在选择适用法律、建立监管及政策框架、评价投资机构及项目能力、运用项目管理及工程技术、采用投融资商业财务技术、确立服务价格及投资利益回报时缺乏参考标准和决策依据。比如，在威立雅污水处理项目中，青岛市政府对PPP合作并不熟悉，政府态度不定导致合同谈判时间很长，加上缺乏有效的评估机制，尽管已就污水处理价格达成一致并签订合同，但后来政府又要求重新谈判，降低价格。

二是缺乏规范合同文本指导，特别是没能在合同中明确约定风险分担机制

和利益调节办法，确保参与各方特别是民间资本能够获得合理的收益，确保项目顺利建设和正常营运。比如，泉州刺桐大桥项目由于事先没在合同中约定项目收益保障的排他性条款，项目建成后，泉州市政府又在附近新建6座免费通行的大桥，致使参与方名流公司虽然权益严重受损，却束手无策。

（四）缺乏法律保障，PPP运作协调难度加大、成本增加

我国PPP走的是自下而上、边发展边完善的路子，缺乏国家层面的统筹规划和法律制度，大多是由相关部委发"通知"、出"意见"来规范，各主管部门在管理权限范围内作出规定，缺乏全局性、系统性，相互之间缺乏衔接性，适用范围有限，法律效力较低，不少项目甚至仅有地方政府"红头文件"作为凭据，致使在项目实施过程中，参与各方不能在成熟的法律框架下依据清晰有效的合同契约来妥善处理好各种关系，特别是公共部门掌握公权力，很容易将意志强加于私人部门，民间资本权益得不到法律和契约的有效保护，项目运作、利益协调的难度和交易成本增大。虽然相关部委近几年密集发布各种指引、规范，但离文件真正落地还有一定距离，相关各方特别是地方政府需要一段时间来加深理解。

执笔：邬昌国　黎泽华　江晨光

江苏省内商业银行参与PPP项目情况调查

中国人民银行无锡市中心支行调查统计科

为了解当前商业银行对PPP项目的参与情况，以及推进过程中面临的问题，人民银行无锡市中心支行牵头对南京、徐州、无锡、常州、苏州、南通六市开展相关调查。调查结果显示：

一、基本情况

2015年4月，人民银行无锡市中心支行联合南京、徐州、常州、苏州、南通五市，向90家银行业机构（开发性银行2家，国有商业银行18家，股份制银行48家，城市商业银行13家，农村金融机构6家，其他银行3家）发放了调查问卷。调查显示，93%的银行信贷政策对PPP模式持支持态度，其中67%的银行已经开展了业务培训；4%的银行持观望态度；2%的银行表示暂不参与。虽然如此，商业银行在实际操作过程中却普遍审慎介入，整体签约率不高。调查问卷显示，30%的银行表示对2014年9月推出的江苏省首批PPP试点项目不了解，66.7%的银行表示未与试点项目进行接

洽。截至3月底，仅有25.6%的受调查银行有PPP项目储备，储备项目46个，涉及金额447亿元，平均单个项目金额仅为9.7亿元。从储备项目类型看，仍以基础设施建设为主，39.1%为城市基础设施，32.6%为交通设施，15.2%为节能环保项目，13.1%为其他项目。

二、当前制约商业银行参与PPP模式的主要因素

（一）运营模式不成熟，缺乏典型案例借鉴

国内PPP模式发展较为滞后，市场上尚未有成熟的PPP项目管理模式，各级政府和商业银行均在探索阶段。调查显示，80%的银行认为运营模式不成熟是当前制约银行介入PPP模式的主要因素。如交通银行苏州分行表示，该行目前正在就张家港市农村污水处理项目与当地政府进行PPP模式商谈，该行与张家港财政部门已进行多次沟通，并与上海一家水处理公司就引进社会资本进行

洽谈，但由于机制不完善，没有指导建议和参考范本，实施难度大。

（二）抵押担保条件弱，难以适应银行现有贷款审批和风险管控机制

目前，国内商业银行在审贷及风险识别手段上仍然简单依靠抵押品、担保品来确保资产质量，尤其是在政府项目上，大多简单依靠政府承诺函或土地抵押等。《国务院关于加强地方政府性债务管理的意见》（国发〔2014〕43号）发布以后，政府信用面临被剥离的局面，大部分PPP项目缺乏政府财政兜底，抵（质）押担保条件较弱，与银行既有贷款审核条件不完全匹配，难以适应银行现有的审贷机制及风险管控机制。调查显示，57.8%的银行认为抵押担保条件弱是制约银行介入的主要因素。

（三）法律法规、激励机制等配套措施不完善

调查显示，43.3%的银行认为，法律法规及激励机制等配套措施缺位是制约因素之一。一是相关法律法规不完善。目前"特许经营法"尚未正式出台实施，虽然财政部门出台了PPP模式规范及操作指南，但法律层级较低，仍难以通过法律途径来确保项目实施。二是缺乏激励机制。PPP项目投资大、周期长、营利性差，决定了金融机构需要承担较大的风险。目前除了国家发展改革委和国家开发银行联合出台了有关融资优惠条件的措施①外，还缺乏一个系统性的激励机制，如PPP融资支持基金等，影响了PPP模式的整体签约率。三是审批程序过于复杂。PPP项目主管部门缺位，财政部、发展改革委、住建部、交通部、国土资源部等多个部门对PPP项目各个方面都有审批权，且相互间存在监管博弈，缺乏统一监管机制，导致参与者无所适从。据部分商业银行反映，一个PPP项目审批或核准流程时间大约为半年，客观上增加了项目的财务成本。

（四）承贷主体可承受利率水平有限，影响融资成功率

调查显示，34.4%的银行认为，当前承贷主体可承受利率水平有限也是制约因素之一。虽然PPP是公共类项目，但承贷主体为企业，其信用低于政府信用，加之还款周期较长，银行风险溢价较高。从调查数据看，目前银行向PPP项目提供的融资利率为7%~8%，有些甚至高于9%，但PPP项目本身多为公共服务类项目，投资回报率低，较高的融资成本影响了签约成功率。如中国银行常州分行反映，2015年1月该行曾对常州天宁区养老服务中心PPP项目进行考察，贷款利率为基准利率上浮20%，承办企业因利率过高、难以承受而未成功签约。

（五）PPP项目良莠不齐，可选项目较少

31.1%的银行表示，目前PPP项目可选范围较小，是制约银行介入PPP模式的原因之一。一是地方政府自身对PPP

---

① 为落实《政府工作报告》关于"积极推广政府和社会资本合作模式"、"发挥好开发性金融、政策性金融在增加公共产品供给中的作用"的部署要求，2015年3月国家发展改革委、国家开发银行联合印发《关于推进开发性金融支持政府和社会资本合作有关工作的通知》。

模式尚未形成系统认识，缺乏操作经验，存在较多顾虑，推出的项目较少。例如，在江苏省首批试点项目中，无锡仅有1个项目，当地银行几乎没有选择空间。二是目前部分地方政府只是将PPP项目融资作为解决地方建设资金来源问题的应急措施，包装推出的项目"形似而非神似"，实际上不符合银行信贷政策要求。如建设银行江苏省分行营管部反映，多数项目实质上为BT(建设—移交)，即"垫资承包"，投资企业组建BT项目公司进行投资、融资和建设，工程竣工后按约定移交给政府并收回投资，并不参与运营或获得特许经营权；而PPP项目是政府与投资企业合作建设，赋予投资企业特许经营权，后者以项目收益及未来现金流来获得银行融资。

三、政策建议

（一）出台国家层面PPP法律法规，完善和统一监管规则

一是加快出台"特许经营法"，从国家层面协调解决既有法律规章制度之间的冲突，厘清政府、社会资本和融资提供者各方职责，统一监管规则。二是从国家层面成立PPP监管部门，或建立跨部委的PPP监管协调机制，统一负责政策指导、总体规划，简化审批流程和环节，对政府财政风险继续监管，并与人民银行、银监会等部门保持密切沟通。三是完善配套机制，包括风险分担、竞争机制、政府合同承诺、后续合同管理等，强化项目管理及公共监督。

（二）提供操作指引和标准体系，推广典型案例

首先，要建立起自上而下的PPP项目操作指引和标准合同文本，涵盖债务识别、采购、执行、争议解决等环节，积极推动各类专业机构参与到PPP项目的实施过程。此外，对试点项目的成功经验及失败教训进行总结，对国内外典型成功项目进行推广，提供可供参考借鉴的操作模式，为各地开展PPP项目提供范本。其次，商业银行自身也要进一步加强培训，对介入较早的金融机构的做法进行学习和总结，尽早建立起与PPP模式配套的专业团队和人才。

（三）设立PPP融资支持基金，提高融资便利性

加强对PPP模式的融资政策支持，一是建议相关部门牵头设立PPP融资支持基金，通过市场化的运作，撮合政府和企业达成合作协议，为项目前期垫付费用，同时为项目融资增信，降低融资成本，通过融资支持基金等风险分担方式，增强参与各方对PPP项目的信心。二是完善融资服务体系，除银行以外，还要充分整合证券、保险、信托、租赁、基金等多渠道融资方式，确保项目在不同阶段都能得到合适的融资服务支持，提高融资便利性。

执笔：谈樱佳

对南平市PPP项目进展情况的调查与思考

中国人民银行福州中心支行调查统计处
中国人民银行南平市中心支行调查统计科

为切实了解地方政府债务清理后的融资方式与融资能力以及政府和社会资本合作（PPP）的进展情况，人民银行南平市中心支行调查统计科组织人员通过走访当地财政局、金融机构、相关企业等进行深入调研。

一、南平PPP项目具体情况

目前南平市力推的PPP项目主要有三个，分别为南平至光泽高速公路项目、武夷新区供水排水建设项目和武夷新区旅游观光轨道交通建设项目。据对财政局和发展改革委调查了解，截至目前，上述三个项目中已完成项目建议书、环评、审批、工可，初步设计编制完成并经专家评审的项目为武夷新区旅游观光轨道交通建设项目，是南平市政府2015年重点推进项目，其落地可能性大。因此，本文以该项目为例进行分析。

（一）项目概况及经济技术指标

武夷新区旅游观光轨道交通建设项目位于武夷新区内，连接京福高铁武夷山东站和武夷山景区及建阳城区。第一期由武夷山东站至武夷山景区，线路全长23.94公里，第二期由武夷山东站至建阳市，线路全长17.2公里，其中路基11.64公里，桥梁3.98公里，隧道1.58公里。

据测算，第一期建安工程造价16.6亿元，车辆购置2.2亿元，建设期利息约2.7亿元，合计21.5亿元，其他工程费用（征地费、拆迁费、建设管理费、勘察设计费、咨询费等）未纳入PPP投融资总额测算；第二期建安工程造价21.9亿元，车辆购置费1.98亿元，建设期利息3.38亿元，初步合计27.26亿元，其他工程费用3.5亿元。

（二）合作伙伴条件和方式

通过公开招标方式确定社会投资人及施工总承包单位，中标后双方按照约定的比例组建PPP项目公司并投资建设本项目，在约定的特许经营期内项目收益与财政收益补贴相结合，社会投资人在特许经营期届满后无偿退出项目。特许经营期设定为10~30年（其中含建设期3年）。据调查了解，目前，对该项目有合作意向的社会投资人有4家。

（三）建设投入政府补贴

一是建设期。在运营期对该项目进行建设投入补贴，建设投入补贴每年按建设投入的12.5%计取；运营期投资利息以建设投入期初余额为基数，利率按照5年期以上基准利率上浮20%约7.86%计取；投资收益以建设投入期初余额为基数，年投资收益率按照8%计取。据测算，第一期合作方实际投资11.28亿元，实际年均投资回报率为8.75%；第二期合作方实际投资14.37亿元，实际年均投资回报率为8.7%。二是运营期。按照运营8年测算，采用差额全额补贴模式，即由政府按照当年实际发生的运营成本对运营公司亏损全额补贴。

（四）特许经营草案

该项目拟由政府授权的投资主体与社会资本签订项目合同协议，组建项目公司，共同参与项目投资、融资、建造、运营、维护和移交等，共同承担风险，共享收益。社会资本和政府出资人按照4∶6（社会资本为6，政府为4，可有波动）的原则进行合作投资建设经营。

在特许经营期内，投资双方共同对项目进行运营、维护、更新和安全管理。特许经营权期满后，项目移交政府指定的接收部门。

二、社会各方对PPP项目认识不一

从政府角度看，虽然国务院及财政部大力开展和推进PPP模式，但基层政府部门对PPP模式认识不清、准备不足、热情不高，甚至疑虑重重。对于欠发达地区而言，囿于地方财力有限，地方政府在探索PPP模式时较为积极主动，希望通过PPP模式减少政府债务，增强当地基础设施投资水平；对于发达地区来讲，在公共建设资金和项目收益可观的情况下，政府部门不希望社会资本参与，PPP项目需求较少。同时，政府有关部门人员也表示，通过PPP项目的实施，引进社会专业人士参与公共基础项目的运营管理，有利于加强项目运营的建设和管理，降低成本，提高工作效率和效益，促进政府对社会公共事业管理水平的提升。

从社会投资人角度看，由于目前PPP模式仍在探索期间，其运营环境和运作方面仍不成熟，社会投资人怕碰到政策盲区，风险较大；对政府的项目补贴保障存在疑虑，要求地方政府将未来土地出让收益作为项目补贴来源。但伴随着房地产市场调整，未来土地收益变得较不稳定，加之对社会投资人的补偿保障机制未建立，导致社会投资人积极性不高或处于观望状态。

从金融角度看，政策性银行和商业银行希望积极介入当地PPP项目，认为PPP项目具有一定的收益保障，风险相对可控。一方面，目前银行业金融机构正在等待其总行发布具体详细支持意见，对准入条件、支持重点方向、贷后管理、支持方式进行明确和细化；另一方面，银行业金融机构正对接现有PPP项目，积极跟踪社会投资人对PPP项目的具体实施方案。

三、存在的问题及影响

（一）基层政府PPP项目推进缓慢

在地方财政收入增速放缓、传统融资渠道不畅的背景下，PPP成为地方政府融资的新出路。不过，目前PPP模式的推广遭遇了中央积极、地方缓慢的尴尬局面。PPP项目推进是否顺利有以下几个影响因素：一是优质且符合PPP项目优先。二是地方财力薄弱，社会投资人对政府需要投入的资本或项目运营补偿存在忧虑。从南平情况看，2014年，南平市地方财政总收入（不含基金）为118.29亿元，同比增长10.9%；福建省财政收入3828.02亿元，同比增长11.6%。南平市财政收入仅占全省的3.1%，增速比全省平均水平低0.7个百分点。

（二）法律形式不明确

据对具体实施单位南平市高速建设有限公司调查了解，社会投资人对投资收益和风险较为担心，如当项目出现经营不善或出现风险时，政府承诺的投资或补偿是否能及时兑现，或者在经济形势下行、"土地财政"难以为继、新型融资模式尚未形成的过渡阶段，当地是否有财力进行投资或补偿。目前PPP项目政府部分投融资未列入财政预算体系，从法律形式上未保障社会投资人利益。

（三）政策跟进滞后，组织协调不健全

一是政策跟进滞后。2014年福建省政府出台了《关于推广政府和社会合作（PPP）试点的指导意见》，省内部分地市也出台了相关实施或指导意见，而南平市到目前为止未出台相关办法和实施意见，尽管辖内已开展的部分项目实施PPP模式，但缺乏明确的指导文件。二是组织协调不健全。据调查了解，目前，福建省已成立专门的PPP项目试点工作领导小组，专门负责省内PPP项目实施过程中的统筹安排和跟踪项目推进情况，而南平市还未成立专门的领导小组，仅是发展改革委负责项目审批，财政局跟踪项目实施情况，各县市（区）也未相应建立协调机制。

票据市场发展现状、存在的问题及对策研究

中国人民银行绍兴市中心支行调查统计科

票据市场作为货币市场的重要组成部分，其快速发展有利于改善融资结构，拓宽企业融资渠道，优化商业银行资产负债管理，丰富中央银行货币政策手段。在人民银行一系列政策措施的推动下，特别是1998年以来，中国票据市场得到快速发展，但随着经济下行压力加大、利率市场化改革加速、互联网快速发展，票据市场面临的困难和矛盾也迅速增加，改革和创新势在必行。本文拟通过对票据市场发展现状的分析，对下阶段票据业务发展提出对策建议。

一、票据市场发展现状

（一）参与主体日益丰富

票据市场发展不断深化，金融创新产品日新月异，票据市场参与主体更趋多元化，非银行金融机构对票据创新业务和产品的参与度不断加大，跨界、跨市场、跨区域的经营特点愈发显现。对于传统票据市场主体银行而言，因受金融监管趋严、流动性和资本占用等制约，工行、农行、中行、建行四大行的票据业务市场占比大幅下降（见表），越来越多的中小城市商业银行、农村商业银行、农信社、村镇银行及财务公司日渐成为票据市场的重要参与主体。

（二）各类票据发展参差不齐

银行汇票、银行本票和支票发展已趋于成熟，呈平稳发展或下行趋势，而商业汇票呈上升发展态势。主要原因是银行汇票、银行本票和支票是一种立即可以获得现款的凭证，且其获得现款的数额与票面记载的金额一致，不存在加息或扣息等不确定性，不具有买卖的空间，仅作为支付工具。随着其他非现金支付方式如网银、手机银行、互联网支付和其他第三方支付等的快速发展，此类票据支付在非现金支付领域中所占份额逐渐下降。而商业汇票，因其是一种远期付款工具，兼具支付、融资和投资功能，在融资难的环境下，利用商业汇票融资迅速发展。以诸暨市为例，2015年1~4月，商业承兑汇票签发102.02亿元，占全市其他各类渠道（不包括贷

表　2005—2014年度诸暨市工行、农行、中行、建行四大行承兑汇票签发量

(单位：万元，%)

年度	2005	2006	2007	2008	2009	2010	2011	2012	2013	2014
四大行签发量	661023	837504	1154241	1893418	1999507	2341506	3098764	2379584	1898358	1611533
其他行合计签发量	104206	204685	266362	1159197	1137694	1410137	1270196	1270139	1476696	1923331
四大行签发量占比	86.38	80.36	81.25	62.03	63.74	62.41	70.93	65.20	56.25	45.59

款)融资总量的62.77%。

(三)电子票据业务占比仍然较小

电子票据即电子商业汇票，包括电子银行承兑汇票和电子商业承兑汇票，是纸质汇票的电子化。2009年，中国人民银行开发的电子商业汇票系统正式运行，电子商业汇票签发、背书、贴现、托收等环节全部纳入系统平台管理，但是由于接入系统的硬件要求和技术要求比较高，普通企业和小型金融机构无法直接使用电子票据，限制了电子票据的流通性和接受度，导致基层商业银行电子票据发展缓慢。从诸暨市票据签发情况看，电子票据签发绝对额虽然快速上升，但总体占比仍然较小。

(四)票据功能由支付向融资转换加速

近年来，人民银行大小额支付系统、商业银行行内汇兑系统、银行卡跨行交换系统的建成运行以及网银业务的迅速发展，使得电子资金转账速度明显加快，支付工具总体朝着电子化、网络化方向发展，票据支付功能逐渐弱化。与此同时，票据的融资功能大幅增强。

在经济新常态下，各项扩内需、促转型、稳增长政策的实施将创造大量的融资需求，在存款不断分流、不良贷款持续高发的形势下，各银行、企业通过票据业务、票据资产来满足融资需求，补充流动资金，改善融资结构，优化资产负债管理。

二、票据业务创新特点

(一)票据功能不断强化，创新衍生产品不断涌现

一是创新开票方式，进一步丰富汇兑功能。如推出银行承兑汇票质押开立银行承兑业务，该业务是以企业持有的银行承兑汇票为质押，开立新的银行承兑汇票，保证客户结算需要的一种票据业务操作形式。该业务能有效缓解企业暂时性流动资金不足，保证票据的有效兑付，对现阶段经济环境下保证中小企业正常经营具有重大意义。但调查发现，诸暨辖内仅有极个别股份制银行开通了此项业务，业务覆盖面有限，企业受益面不大。

二是创新授信方式，进一步丰富信用功能。推出商票保贴和商业承兑汇票可贴现合作模式，即对特定承兑人承兑的商业承兑汇票，或对特定持票人持有的商业承兑汇票，商业银行承诺在授信额度和一定期限内以商定的贴现利率予以贴现。通过该产品，以商业承兑汇票作为主要结算方式的企业可以从银行获得保贴额度内的授信。

三是创新贴现方式，进一步丰富结算功能。推出票据互换业务，企业将多张应收票据整体质押给银行，通过银行的票据集中管理，实现大票换小票或小票换大票功能，以便于企业的日常结算。

四是创新转贴现方式，进一步丰富融资功能。传统意义上的转贴现指商业银行在资金临时不足时，将已贴现且未到期的票据交给其他商业银行或贴现机构予以贴现，以实现资金融通的方式。但目前，基层商业银行在办理转贴现业务时，转贴现对象不仅仅限于其他商业银行，更多地是上级商业银行，通过这种纵向的转贴现，实现资金融通目的。

（二）票据服务有效深化，产品市场进一步细分

一是推行"管家式"服务，为大中型企业提供签发、保管、贴现、背书转让、到期收款等全方位服务，在减少企业财务成本的同时，提高银行中间业务收益；同时，通过该业务，有效掌握企业生产经营状况，及时传导信贷政策变动情况，降低银行放贷风险。

二是推广票据池类业务，利用中小企业票据融资业务单笔金额小、业务频率高、票据期限与融资期限不匹配等特点，将企业的多张应收票据汇聚成"池"，整体质押给银行，以此为基础开展票据集中管理和票据质押额度共用等金融服务。

三是提供票据理财业务，将企业持有的票据"存入"银行或财务公司，并通过其在资本市场的运作，实现短期收益。但从目前看，该类业务的受益面不大，银行在选择客户时要求较高，开办企业必须为流动性充裕、票据量大的大中型企业。

（三）互联网票据创新稳步推进，对传统业务的冲击日益显现

互联网票据作为互联网金融的一部分，主要是借助互联网技术、移动通信技术提供商业汇票服务的一种业务模式。目前票据互联网平台有两类：一类是商业银行利用自身票源和销售渠道，借助第三方平台开办的互联网票据见证业务；另一类是票据中介公司转型开办的互联网票据理财平台，票源由本公司业务渠道获得，销售靠市场推广宣传，如金银猫等。互联网票据平台大量出现，解决了一部分中小企业小面额、短期限、低信用票据融资难问题，将票据市场参与者扩大至全社会。

三、矛盾冲突加剧，票据创新困难重重

（一）监管体系建设和票据市场发展之间的矛盾

金融监管与金融创新从来都是相辅

相成的，金融产品和服务的不断创新对金融监管提出更高要求，促进金融监管的不断进步，而不断完善的监管体系则促成了更大的金融创新，并带动整个金融市场的繁荣，但若制约过度，监管体系则可能成为票据业务创新发展的最大障碍。从目前看，国内监管体系建设滞后于票据市场发展的迹象日益明显。以法律法规体系建设为例，现阶段实行的票据监管法律法规仍为1995—1997年相继颁布的《票据法》、《支付结算办法》和《票据管理实施办法》等，已难以满足目前企业结算和融资的多样化需求，特别是在电子票据业务方面，《票据法》没有明确电子票据的法律地位、电子签名及承兑期限冲突等方面，严重影响了电子票据业务的推广应用。

（二）市场份额抢占欲望和票据创新能力之间的矛盾

在市场期望及内部考核等多种因素影响下，各商业银行都有极大的市场份额抢占欲望，如四大行有每月的份额排名考核等，这些机制的存在倒逼各基层银行加快金融创新步伐，加大市场营销力度，使得票据业务新品日益成为基层商业银行争夺优质客户的一大利器。但受创新能力制约，目前基层商业银行票据创新产品不仅数量少，且产品类型基本类同，票据业务竞争处于低质、低效境地，极不利于票据市场的可持续发展。以票据池业务为例，自2010年某股份制银行推出该业务后，辖内各行相继开办了该类业务，这些业务除名称略有不同外，产品设计、结构、功能和客户群都基本一致，极大削弱了该创新产品的竞争力，并严重打击了银行创新的积极性。受此影响，目前基层商业银行在票据产品创新中的业务定位仅限于终端营销，业务创新惰性较重，创新的主动性明显不足。

（三）业务逐步萎缩和垫款快速增加之间的矛盾

票据业务的短期限、低成本和高灵活性，不仅使其成为企业短期资金融通的重要手段，也是商业银行增强服务功能、分散经营风险和增强盈利能力的重要工具。但随着诸暨辖内经济的持续低迷及区域风险频发，票据业务经营风险急剧增加，累计签发量从2011年的峰值436.69亿元大幅下降到2014年的324.28亿元，减少幅度达到25.74%；与之相对应的是，票据的垫款金额快速增多，部分票据更是出现恶意违约现象，严重扰乱了区域生态环境。2012—2014年，诸暨市票据垫款分别达到0.44亿元、0.55亿元和1.14亿元，连续三年快速增幅，2013—2014年更是出现107.27%的增幅，而更为严重的是票据隐性风险在银行的"票转贷"因素影响下被人为掩盖，监管机构对真实票据风险数据很难把握，极大影响了对票据风险的整体把控。

（四）信贷规模限制和票据创新意愿之间的矛盾

票据业务作为一项有着信贷、资金业务双重属性的资产运作方式，与信贷密切相关，其中票据贴现纳入信贷规模统计口径，签发承兑汇票属于表外业务，不占有信贷规模，但通过转换系数计入加权风险资产。由于银行信贷规模受到控制，在商业银行进行贷存比考核情况下，票据贴现业务作为信贷资产组成部分，当信贷需求超出信贷额度时，银行通过减少票据贴现，使信贷额度合规；在信贷需求不足时，银行通过增加票据贴现供给，从而充分利用信贷额度。票据贴现在银行方面更多地充当了"信贷蓄水池"的角色，并非作为主推业务，这在一定程度上对票据业务的创新发展造成限制，特别是基层商业银行，其信贷规模受上级银行的限制更加严格，在资产业务推广上更倾向于收益更高的贷款业务，对发展票据贴现业务的欲望和信心明显不足，极大地影响了票据创新的开展；而地方法人金融机构受资本充足率影响，更加偏好贷款业务发展，使得票据贴现业务发生额始终在低位徘徊。截至2015年4月末，诸暨农商银行票据贴现余额为104万元，占全市余额的0.08%。

（五）互联网票据业务模式中创新与风险之间的矛盾

互联网票据业务模式在有力促进票据市场的繁荣与发展的同时，存在的风险问题也较为突出。一是法律风险。相对于快速发展的业务量，互联网票据法规的制定较为滞后，部分业务经营游离于法律法规边缘，极易引发法律风险。二是安全管理风险。互联网技术的快速发展及迅速普及，在促进各行业进步的同时，也使得网络攻击事件日益增多，网络安全管理难度增加。票据平台在日常经营中，一旦发生网络安全事故，将严重危及客户资金安全、客户信息安全和信息系统安全。三是票据兑付风险。目前开展的互联网票据业务的票据审验职能基本由银行负责，一旦出现假票，银行须承担资金回笼压力；同时，由于互联网票据理财主要集中于中小企业，票据面额小，真实性、合规性的风险隐患相对更大，其承兑银行多集中在城市商业银行、农村商业银行、农信社等一些小型金融机构，信用等级相对较低，相应的到期兑付风险也会上升。

货币当局资产负债表 (单位：亿元)

资　产	2015年6月	负　债	2015年6月
国外资产	276555	储备货币	288780
外汇	267149	货币发行	65112
货币黄金	2095	金融性公司存款	223668
其他国外资产	7311	其他存款性公司存款	223668
对政府债权	15313	不计入储备货币的金融性公司存款	1692
其中:中央政府	15313	发行债券	6522
对其他存款性公司债权	23264	国外负债	1466
对其他金融性公司债权	7696	政府存款	32481
对非金融部门债权	55	自有资金	220
其他资产	14193	其他负债	5915
总资产	337076	总负债	337076

注：1. 自2011年起，人民银行采用国际货币基金组织关于储备货币的定义，不再将其他金融性公司在货币当局的存款计入储备货币。
　　2. 2011年初起，境外金融机构在人民银行存款数据计入国外负债项目，不再计入其他存款性公司存款。

货币供应量统计表 (单位：亿元、%)

项　目	2015年6月	
	余额	比同期
货币供应量(M2)	1333375.36	11.75
货币(M1)	356082.86	4.27
流通中货币(M0)	58604.26	2.90
单位活期存款	297478.59	4.55
准货币	977292.51	12.58
单位定期存款	289329.28	8.92
个人存款	539127.13	6.12
其他存款	148836.10	57.61

注：1. 货币供应量已包括住房公积金中心存款和非存款类金融机构在存款类金融机构的存款。
　　2. 本月M2同比增速根据可比口径计算。

社会融资规模增量统计表 (单位：亿元)

项　目	2015年6月
社会融资规模增量	18581
其中:人民币贷款	13240
外币贷款(折合人民币)	560
委托贷款	1414
信托贷款	536
未贴现银行承兑汇票	−1031
企业债券	2082
非金融企业境内股票融资	1355

注：1. 社会融资规模增量是指一定时期内实体经济（非金融企业和住户，下同）从金融体系获得的资金。其中，增量指标是指一定时期内（每月、每季度或每年）获得的资金额，存量指标是指一定时期末（月末、季度末或年末）获得的资金余额。
　　2. 社会融资规模中的本外币贷款是指一定时期内实体经济从金融体系获得的人民币和外币贷款，不包括银行业金融机构拆放给非银行业金融机构的款项。其他融资主要包括小额贷款公司贷款、贷款公司贷款。
　　3. 从2015年1月起，委托贷款统计制度进行了调整，将委托贷款划分为现金管理项下的委托贷款和一般委托贷款。社会融资规模中的委托贷款只包括由企事业单位及个人等委托人提供资金，由金融机构(贷款人或受托人)根据委托人确定的贷款对象、用途、金额、期限、利率等向境内实体经济代为发放、监督使用并协助收回的一般委托贷款。
　　4. 当月数据为初步统计数。
　　5. 数据来源于人民银行、发展改革委、中国证监会、中国保监会、中央国债登记结算有限责任公司、银行间市场交易商协会等部门。